KB233835

탁월한 시장
훌륭한 시의원

탁월한 시장
훌륭한 시의원

지은이 | 이윤석
펴낸이 | 원성삼
표지 디자인 | 안은숙
펴낸곳 | 예영커뮤니케이션
초판 1쇄 발행 | 2026년 2월 10일
등록일 | 1992년 3월 1일 제2-1349호
주소 | 03128 서울특별시 종로구 대학로3길 29, 313호(연지동, 한국교회100주년기념관)
전화 | (02)766-8931
팩스 | (02)766-8934
이메일 | jeyoung_shadow@naver.com

ISBN 979-11-24083-04-8 (03340)

본 저작물은 저작권법에 의하여 한국 내에서 보호를 받는 저작물이므로
무단 전재와 무단 복제를 금합니다.

값 19,000원

 모든 인간은 하나님의 형상을 닮은 존귀한 존재입니다. 사람은 인종, 민족, 피부색, 문화, 언어에 관계없이 모두 다 존귀합니다. 예영커뮤니케이션은 이러한 정신에 근거해 모든 인간이 존귀한 삶을 사는 데 필요한 지식과 문화를 예수 그리스도의 사랑으로 보급함으로써 우리가 속한 사회에 기여하고자 합니다.

탁월한 시장
훌륭한 시의원

이윤석 지음

예영

| 차 례 |

6부 · 시의원의 역할과 필요 역량

7부 · 시의회 의장의 역할과 리더십

8부 · 시의원이 자주 저지르는 잘못과 그 위험성

왜 시장과 시의원이 중요한가

어떤 이는 정치를 멀리한다. 어떤 이는 지방정부를 폄하한다. "다 똑같지, 거기서 거기지"라는 냉소가 그리 낯설지 않다. 하지만 우리는 어느 순간에야 비로소 깨닫는다.

횡단보도 신호 시간이 짧아 위험하다고 느낄 때, 동네에 도서관이 없어 아이들이 학원만 오가야 할 때, 쓰레기 수거가 제때 되지 않아 여름 내내 악취가 날 때, 이 모든 삶의 불편 뒤에 사실은 시장과 시의원이 있다는 사실을.

시장과 시의원은 우리 삶에 가장 가까운 권력자다. 대통령보다, 국회의원보다 훨씬 자주, 훨씬 깊숙이 시민의 일상에 개입한다. 하지만 그만큼 시민이 제대로 이해하고 선택하지 않으면, 그 권력은 무관심 속에 오용되기 쉽다.

지방자치가 부활한 지 30여 년이 지났다. 그 사이 도시의 얼굴은 변했고, 주민의 욕구는 정교해졌으며, 정책의 무게도 커졌다. 그러나 정작 '어떤 사람이 시장이 되어야 하는가', '어떤 시의원이 좋은 시의원인가'에 대한 논의는 충분하지 않았다. 선거가 다가오면 누가 공천을 받았는지가 먼저 회자되고, 정당의 로고가 사람을 덮어버리기 일쑤였다.

이 책은 그 당연한 질문으로부터 출발한다. '좋은 시장이란 누구인가?', '시의원에게 우리는 무엇을 기대해야 하는가?'

시장은 도시를 경영하는 최고 책임자이며, 동시에 주민의 복지를 설계하는 리더다. 시의원은 행정의 감시자이자 예산과 조례를 다루는 입법자이며, 주민의 대변인이다. 그들은 법령과 예산이라는 도구를 들고, 우리 동네의 미래를 디자인한다.

이 책은 단지 선출직의 의무를 나열하고자 하는 것이 아니다. 탁월한 시장과 시의원이 되기 위한 조건과 자세, 그리고 그들이 일으킬 수 있는 변화의 힘을 구체적으로 그려보고자 한다.

이를 위해 정치적 수사나 원론이 아닌, 실제 지방행정의 구조와 사례, 현실과 제도의 틈, 그리고 시민의 참여와 책임에 대해 이야기할 것이다. 잘 된 정책 하나가 도시를 어떻게 바꾸는지, 무책임한 발언 하나가 공동체를 어떻게 분열시키는지, 선출직의 말과 행동이 어떤 후폭풍을 남기는지를 세심하게 들여다본다.

이 책은 시장이나 시의원이 되고자 하는 사람에게는 거울이자 지도가 되고, 시민에게는 현미경이자 나침반이 되기를 바란다. 정치는 멀리 있는 것이 아니라, 지금 우리 옆집에서, 골목 어귀에서, 초등학교 앞에서 벌어지는 일이다.

좋은 정치인은 하늘에서 떨어지지 않는다. 유권자의 선택에서 시작된다. 그리고 그 선택은 바로 '이 사람이 내 삶에, 우리 동네에 어떤 변화를 줄 수 있는가'라는 질문에서 비롯되어야 한다.

시장과 시의원이 진짜 중요한 이유, 이제 그 이야기를 시작해 보려 한다.

지방자치의 의미와 선출직의 책임

01

지방자치는
왜 중요한가

중앙정부만으로는 부족한 시대

대한민국은 중앙정부의 권한이 강했던 시기를 오랫동안 지나왔다. 국가가 성장 중심의 정책을 펼칠 때, 중앙의 기획과 지시 중심의 체계는 효율성을 발휘했다. 그러나 시대가 바뀌면서 '지역 맞춤형 정책'과 '시민의 참여'가 강조되기 시작했다. 특히 복지, 교통, 환경, 교육 등 시민의 일상에 깊숙이 영향을 미치는 문제는 중앙에서 일괄적으로 다루기엔 한계가 많다.

예를 들어 서울시 강남구와 전라남도 해남군은 인구 구조, 산업 형태, 교통 여건이 전혀 다르다. 동일한 기준으로 정책을 시행하면 지역의 필요를 충족시키기 어렵고, 오히려 불균형을 심화시킬 수 있다. 따라서 지역 주민의 특성과 상황을 잘 아는 지방정부가 일정 권한을 가지고 스스로 정책을 설계하고 집행할 수 있어야 한다.

지방자치는 바로 이러한 문제의식에서 시작된다. 지역 주민이 직접 선출한 대표가 지역의 문제를 책임지고 해결하는 구조, 그것이 지방자치의 핵심이다.

지방자치의 헌법적 기반과 제도적 구조

대한민국 헌법 제117조와 제118조는 지방자치의 법적 근거를 명확히 규정하고 있다. 지방자치단체는 법률이 정하는 바에 따라 자치권을 가진다. 자치입법권, 자치행정권, 자치조직권, 자치재정권 등이 대표적인 자치권의 형태다. 이를 통해 시·군·구 단위의 지방자치단체는 중앙정부와는 별개의 권한을 행사할 수 있게 된다.

제도적으로는 지방자치단체의 장(시장, 군수, 구청장)과 지방의회(시의회, 군의회, 구의회)로 구분된다. 시장은 지역 행정의 총책임자로서 예산 집행과 정책 추진을 담당하며, 시의회는 조례 제정, 예산 심의, 행정 감시 등의 기능을 수행한다. 이 두 기관은 상호 견제와 균형을 통해 지역 사회의 건강한 운영을 도모한다.

지방자치의 진정한 의미: 주민 참여의 정치

지방자치는 단순히 '행정을 분산시킨 체계'가 아니다. 그것은 '주민 참여에 기반한 정치 구조'다. 지방정부는 주민이 선택한 대표자들로 구성되며, 이 대표자들은 주민의 삶의 질 향상을 목표로 활동한다.

예컨대, 어느 도시의 시장이 새로운 공원 조성을 계획하고 있을 때, 시민들이 공청회나 온라인 플랫폼을 통해 의견을 제시하면 그 의견이 반영되는 방식이 가능하다. 실제로 여러 도시에서는 시민들이 직접 정책 아이디어를 제안하고 투표로 우선순위를 정하는 '시민참여예산제'를 성공적으로 운영해오고 있다.

이처럼 지방자치는 '시민이 직접 정치를 만든다'는 민주주의의 본질을 실현하는 제도적 장치다. 중앙정치에서 소외되기 쉬운 시민 한 사람 한 사람의 목소리가 지방자치라는 구조를 통해 정치에 영향을 미치게 되는 것이다.

일상의 문제를 해결하는 최전선

지방자치의 중요성은 시민의 삶에 직접 영향을 주는 정책들 대부분이 지방정부의 영역에 속해 있다는 점에서 더욱 부각된다.

쓰레기 수거 문제, 도로 포장, 학교 급식, 대중교통 노선 변경, 동네 병원의 유치 등은 모두 지방정부가 주관하는 사안이다. 예를 들어, 부산 사상구는 고령화 문제에 대응하기 위해 '노인복지센터'를 확충했고, 이는 해당 지역 주민들의 삶에 큰 변화를 가져왔다.

반면 중앙정부는 이러한 지역 맞춤형 문제에 신속히 대응하거나 세부 내용을 파악하기 어렵다. 그래서 지방정부의 판단력과 행정 역량이 더욱 중요해진다. 특히 기초자치단체의 경우, 시장과 시의원이 이러한 문제를 해결하기 위한 핵심 리더가 된다.

위기의 시대, 더욱 절실해진 지방자치

기후위기, 팬데믹, 경제불황 등 복합적인 위기 상황 속에서 지방정부의 역할은 더욱 강조되고 있다. 2020년 코로나19 초기, 대구광역시는 지역 보건소와 협력해 전국 최초로 '드라이브 스루 선별진료소'를 도입했다. 중앙정부의 가이드라인이 내려오기 전, 지역 상황에 맞는 조치를 빠르게 시행한 것이다. 이 조치는 전국적으로 확산되었고, 대한민국 방역의 모범 사례로 기록되었다.

위기 상황일수록 중앙집권적 체계는 속도와 유연성에서 한계를 보인다. 반면, 지방자치는 지역의 특수성을 반영한 민첩하고 실효성 있는 대안을 마련할 수 있다.

경제와 일자리, 지역의 손에 달렸다

지역 경제 역시 지방자치의 성패에 크게 좌우된다. 지역 특성에 맞는 산업 육성과 창업 지원, 청년 일자리 정책 등을 통해 지방정부는 지역 발전의 엔진이 된다.

예를 들어, 전라북도 완주군은 '로컬푸드' 운동을 통해 농민의 소득을 안정시키고, 소비자에게 신선한 먹거리를 제공하며, 지역의 순환경제를 실현했다. 이는 단순한 농업 정책이 아니라 지역 경제를 살리는 핵심 정책이 된 사례다.

또한 경기 안산시는 다문화 가정이 밀집한 지역 특성을 반영해 다문화가족지원센터를 운영하며 이주자들의 창업도 지원하는 등 지역 경제 활성화에 기여했다. 이런 정책들은 지역을 가장 잘 아는 지방정부에서 가능하다.

자치의식 없는 자치는 껍데기일 뿐

지방자치는 제도만으로는 완성되지 않는다. 시민의 '자치의식'과 지역 정치인의 '책임 의식'이 함께할 때 비로소 의미가 있다.

행정기관의 공간만 지역에 있다고 해서 자치가 실현되는 것은 아니다. 지역 주민들이 관심을 갖고 감시하고 참여하며, 지역 정치인이 시민을 대표한다는 인식을 가질 때, 비로소 자치가 작동한다.

이와 관련해 일본의 한 도시에서는 시민이 시장을 초청해 소규모 간담회를 열고, 지역 문제에 대해 토론하는 문화를 10년 넘게 이어오고 있다. '참여하는 시민'과 '경청하는 시장'이 만들어낸 도시 모델로, 지방자치의 이상적인 예라 할 수 있다.

지방자치를 통해 민주주의를 다시 배우다

대한민국 민주주의는 중앙정치 중심으로 발전해왔지만, 진정한 민주주의는 지역에서 시작되고 완성된다. 한 표의 가치를 실감하고, 대표를 직접 만나고, 정책 변화의 결과를 체감할 수 있는 공간이 바로 지방이다.

선거 때마다 반복되는 중앙정치의 갈등과 진영 싸움에 염증을 느낀 시민들은, 오히려 자신의 생활에 영향을 주는 지방정치에 더 큰 관심을 갖기 된다. 이런 전환이 모일 때 대한민국의 민주주의는 보다 성숙한 단계르 나아갈 수 있다.

지방자치의 성공은 좋은 리더에게 달려 있다

마지막으로 강조해야 할 점은, 지방자치의 성패는 결국 누가 시장이 되고 누가 시의원이 되는가에 달려 있다는 것이다. 아무리 좋은 제도가 있어도, 무능하거나 부패한 정치인이 이끌면 시민의 삶은 나아질 수 없다. 반대로, 뛰어난 리더십과 윤리의식을 가진 인물이 지역을 이끌면 작고 가난한 도시도 놀라운 발전을 이룰 수 있다.

그렇기에 이 책에서는 좋은 시장과 시의원이 어떤 사람이어야 하는지를 밝히고, 그들이 어떤 자세로 시민을 섬기며 시정을 이끌어야 하는지를 고민하고자 한다.

지방자치는 곧 사람의 문제다. 그리고 그 사람은 바로 우리, 시민이 직접 선택하는 리더다.

지방자치는 곧 사람의 문제다.
그리고
그 사람은 바로 우리,
시민이 직접 선택하는 리더다.

선출직 공무원이란 누구인가

선출직 공무원의 의미

선출직 공무원이란 국민의 직접적인 투표로 선출되어 일정한 공직을 수행하는 사람을 말한다. 이들은 '선거'라는 제도적 절차를 통해 공직에 오르므로, 공직 수행의 정당성과 책임성이 매우 높은 자리다.

대한민국에서 선출직 공무원은 대통령과 국회의원을 비롯해 시·도지사, 시장·군수·구청장, 시·도의원, 시·군·구의원 등으로 구분된다. 그중에서도 기초자치단체인 시, 군, 구의 '시장'과 '시의원'이 숫자가 가장 많고 그만큼 중요한 역할을 감당한다 하겠다.

이들은 대한민국 지방자치의 실질적인 주역이다. 중앙의 시책을 단순히 전달하고 집행하는 것이 아니라, 지역 문제를 스스로 판단하고 지역 주민의 삶을 실질적으로 개선하는 책임을 진다. 이들이 맡은 권한은 작지 않으며, 동시에 감당해야 할 책무도 막중하다.

공무원이지만, 정치인

선출직 공무원은 일반 공무원과는 다르다. 임용시험을 통해 채용되는 일반직 공무원과 달리, 선출직 공무원은 '정치적 판단'과 '정책적 비전'을 바탕으로 유권자의 선택을 받는다.

예를 들어, 서울시 종로구의 구청장은 일반 공무원이 아니다. 그는 정치적 메시지와 공약을 통해 주민의 지지를 얻고 당선된 정치인이다. 그렇기에 법적으로는 '공무원'이지만, 실질적으로는 지역 정치의 선봉에 선 '지역 정치인'으로서 활동한다.

이러한 성격은 이들의 행동과 역할을 규정하는 데 있어 중요한 기준이 된다. 단순히 법규를 해석하고 집행하는 수준을 넘어, 새로운 정책을 구상하고 지역의 미래 비전을 제시하는 능동적인 역할을 요구받는다.

시장, 시의원은 각각 어떤 역할을 하나?

기초지방자치단체의 시장은 행정의 수장이다. 도시의 예산을 집행하고, 조직을 운영하며, 지역 내 공공정책을 결정하는 핵심 권한을 가진다. 도로를 어디에 놓을지, 공원을 얼마나 조성할지, 복지 예산을 어디에 배분할지 등 일상생활에 밀접한 수많은 결정이 시장의 책상에서 이루어진다.

반면, 시의원은 입법과 감시라는 두 축을 중심으로 활동한다. 지방자치법에 따라 시의회는 조례를 제정하그 예산을 심의하며, 행정의 운영을 감시하고 조사할 수 있는 권한을 가진다. 쉽게 말해, 시장이 추진하는 정책과 예산을 심사하고 견제하는 역할을 수행한다.

이러한 구조는 대통령과 국회, 또는 중앙정부와 국회의 관계와 유사한데, 훨씬 더 지역 중심적이고 생활 밀착적이라는 점에서 차별화된다.

선출직 공무원이 필요한 이유

행정은 전문가에게 맡기고, 정치는 정치인이 하게 하면 되는 것 아닌 가? 이처럼 묻는 시민들도 있다. 실제로 많은 사람들은 정치와 행정을 분리된 영역으로 인식한다. 그러나 지방자치에서는 이 두 영역이 반드시 결합되어야 한다.

지역의 다양한 이해관계를 조정하고, 주민의 목소리를 정책으로 반영하려면 단순한 행정 처리 이상의 정치적 감각이 요구된다. 선출직 공무원은 이 균형점을 찾아야 한다. 때로는 전문가보다 더 정확히 지역의 흐름을 읽어야 하며, 때로는 민원인의 감정 속에서 정책의 방향을 결정해야 한다.

예를 들어, 경기도 한 시의 시장은 공공의료 확대를 위해 '시립의료원'을 추진했다. 수년간의 갈등과 예산 논쟁을 거쳐 시의회와 시민들을 설득했고, 결국 전국 최초의 지방공공병원이 문을 열 수 있었다. 단순한 행정 능력만으로는 불가능했던 일이다. 정치적 결단과 주민과의 지속적인 소통이 있었기에 가능했던 사례다.

시장은 왜 중요한가?

시장은 단순한 지역 대표자가 아니다. 행정 수장, 정치 지도자, 비전 제시자, 갈등 조정자로서 여러 역할을 동시에 수행해야 한다.

가령 도시개발 사업을 추진할 경우, 개발 찬성과 반대 측의 의견을 조율하고, 사업자와의 협상을 진행하며, 공무원 조직을 움직여 행정 절차를 마무리해야 한다. 또한 언론과의 관계를 관리하고, 시민들의 신뢰를 얻어야만 해당 사업이 성공할 수 있다.

이 모든 과정에서 시장의 판단력, 윤리의식, 대화 능력은 치명적인 차이를 만들어낸다. 청렴하고 유능한 시장 한 명이 도시 전체를 바꿀 수 있다는 말은 결코 과장이 아니다.

실제 사례로, 충남의 한 도시는 2022년 민선8기 아산시장으로 취임한 시장의 노력으로 2024년 5월 대한민국 도시브랜드 평판 순위에서 4위를 차지하기도 하는 등 도시브랜드 평판 순위가 10위권 내에 머무르는 성과를 낳아 도시 이미지가 크게 제고되었다.

시의원의 무게 있는 책임

시의원은 종종 '정치 초심자'가 진입하는 통로로 인식되기도 하지만, 실제로는 매우 중요한 자리다. 시의원이 부실하면 시장의 정책이 제대로 감시되지 않고, 예산 낭비가 반복되며, 시민의 권리가 소외된다.

시의원은 조례 제정, 행정 감시, 민원 청취 등의 활동을 통해 시민과 행정 사이의 다리 역할을 한다. 특히 다수 시민이 개별적으로는 말하기 어려운 문제를 대변하고, 시의회라는 구조적 틀 안에서 문제를 제기함으로써 '제도화된 민주주의'를 실현한다.

예를 들어, 어느 지역에서 학교 앞 통학로 안전 문제가 반복되었지만, 관련 기관의 무관심으로 해결되지 않고 있었다. 이 문제를 한 시의원이 직접 조사하고 조례안을 제출하여 예산 확보를 이끌어냈고, 결과적으로 전 지역에 횡단보도 신호기 설치가 이루어졌다. 이는 시의원의 '작은 역할'이 '큰 변화'로 이어진 대표적 사례다.

자격 조건과 현실

시장이나 시의원이 되기 위해 법적으로 필요한 자격은 비교적 단순하다. 대한민국 국민이고, 피선거권 제한 사유(금고 이상의 형 확정, 공직선거법 위반 등)에 해당하지 않으면 가능하다. 만 25세 이상이면 시장 및 시의원 출마가 가능하다.

그러나 현실은 법적 자격보다 훨씬 더 많은 것을 요구한다. 지역 기반, 정치적 후원, 정당 공천 여부, 조직 관리 능력, 대중 소통 능력, 전문성, 청렴성 등이 중요한 기준이 된다. 이 때문에 진입 장벽이 결코 낮지 않으며, 유능하지만 출마를 주저하는 이들도 많다.

선출직 공무원이 갖춰야 할 마음가짐

선출직 공무원은 '주민의 위임'을 받은 자다. 즉, 공직에 있는 동안 자신이 주인이 아니라는 사실을 잊지 말아야 한다. 자신의 권한은 시민의 선택에서 비롯되며, 임기가 끝나면 언제든 시민에 의해 교체될 수 있다.

이러한 '시민의 대리인'이라는 정체성은 권한을 행사할 때 반드시 기억되어야 한다. 아무리 좋은 정책이라도 시민과 단절된 채 추진되면 실패하게 되어 있고, 반대로 불리한 조건에서도 시민과 함께 걸으면 해답이 보인다.

청렴함, 공정함, 성실함은 기본이고, 경청, 설명, 조정, 설득의 능력도 필수다. 특히 언론과 시민사회와의 관계는 선출직 공무원의 윤리적 기준을 드러내는 거울이 되기도 한다.

왜 '시장과 시의원'에 관심을 갖는가?

대한민국 정치의 신뢰도가 낮은 이유 중 하나는, 바로 '지방정치'에 대한 관심 부족 때문이다. 중앙정치의 갈등과 진영 싸움에 가려 지방정치는 언론의 조명을 받지 못하고, 이에 따라 수준 미달의 정치인이 당선되는 일이 반복되었다.

그러나 실상은 다를 수 있다. 중앙정부의 법 못지 않게 지방정부의 조례도 우리 삶에 직접적인 영향을 미칠 수 있다. 대통령보다 시장이, 국회의원보다 시의원이 우리의 일상에 더 가까이 있다. 따라서 지방정부의 핵심 주역인 시장과 시의원에 관심을 가져야 하고, 특히 그들이 어떻게 해야 '탁월한 리더'가 될 수 있는지를 살펴야 한다.

03

시민의 삶과 직접 연결된
시정의 구조

시정은 '행정'이자 '생활'이다

'시정(市政)'이라는 말은 시민들에게 다소 낯설게 느껴질 수 있다. 그러나 시정은 결코 멀리 있는 것이 아니다. 시정은 우리가 매일 걸어 다니는 인도와 도로, 아침마다 타는 버스, 아이가 다니는 학교 급식, 동네에 생긴 공원, 가로등 하나까지도 포함하는 생활의 총체다.

다시 말해, 시정은 시민의 삶과 분리될 수 없는 생활정치의 핵심이다. 중앙정부가 국가 단위의 법과 제도를 설계한다면, 시정부는 그 법과 제도를 시민 개개인의 삶에 직접 구현하는 역할을 맡는다.

서울 강동구에 거주하는 A씨의 하루를 떠올려보자. 그는 아침에 구청이 운영하는 육아시설에 아이를 맡기고, 시에서 지원하는 청년버스를 타고 출근한다. 점심은 동네 공영주차장 옆에 생긴 로컬푸드 마켓에서 사온 도시락이고, 퇴근 후에는 구청 지원으로 운영되는 문화센터에서 요가 수업을 듣는다. 이 모든 과정이 시정의 영역이다.

기초자치단체는 시민에게 가장 가까운 정부

대한민국의 행정 체계는 크게 중앙정부와 지방정부로 나뉜다. 지방정부는 다시 광역자치단체(도, 광역시)와 기초자치단체(시, 군, 구)로 구분된다. 이 중 기초자치단체는 시민의 생활과 가장 밀접한 영역을 관할한다.

예를 들어, 서울시는 광역단체이고, 그 안에 강남구·서초구·강북구 등은 기초자치단체다. 충청남도는 광역단체이고, 그 안에 있는 아산시나 천안시, 서산시가 기초자치단체다. 우리가 보통 '시장'이라고 부르는 사람은 이 기초자치단체의 장으로, 해당 도시의 모든 생활 행정의 책임을 진다.

기초자치단체는 생활쓰레기 수거, 지역 복지 서비스, 동 주민센터 운영, 공원 관리, 공공시설 운영, 각종 민원 행정 등을 포함하여 시민이 매일 부딪히는 문제들을 실질적으로 해결하는 기관이다.

시정의 구성 요소: 조직, 예산, 사업

시정은 대체로 다음 세 가지 핵심 축으로 구성된다.

첫째, 행정 조직. 시장을 중심으로 국장, 과장, 팀장, 실무 공무원들이 체계적으로 구성되어 있다. 예를 들어, 복지국, 도시건설국, 안전행정국 등이 있으며, 그 안에 사회복지과, 도로과, 민원과 등이 편성되어 있다. 부서의 명칭은 지자체마다 다를 수 있다.

둘째, 예산. 시정의 모든 일은 돈이 있어야 실행된다. 기초자치단체는 매년 예산을 편성하며, 이 예산은 시의회의 심의와 의결을 통해 확정된다. 주민 세금, 지방교부세, 국고보조금 등 다양한 방식으로 재원이 조달된다.

셋째, 정책 및 사업. 시정은 조직과 예산을 활용해 각종 사업을 기획하고 집행한다. 예컨대 도시재생 사업, 노후시설 리모델링, 지역 일자리 창출, 사회적 약자를 위한 복지 프로그램 등이 그것이다.

이 세 요소는 유기적으로 연결되어 있으며, 이 구조를 잘 아는 것이 시장과 시의원에게 필수적인 역량이다.

시정이 다루는 구체적 영역

시정의 업무는 범위가 매우 넓다. 단순히 구청 민원창구에서 처리하는 일에 그치지 않는다. 다음은 시정이 관할하는 주요 분야들이다.

- 도로·교통: 시내 도로 보수, 신호체계 설치, 버스 노선 조정, 교통약자 이동 지원 서비스
- 복지·보건: 기초생활보장, 노인·장애인·아동 복지, 보건소 운영, 정신건강센터
- 환경: 쓰레기 수거, 재활용 분리, 공공청소, 대기오염 관리, 미세먼지 대응
- 교육·문화: 도서관, 평생학습관, 문화센터, 체육시설, 청소년 문화공간
- 도시계획·주택: 도시개발, 재개발·재건축 관리, 임대주택 공급
- 경제·일자리: 소상공인 지원, 창업 보육센터, 전통시장 활성화, 청년 일자리 프로그램
- 재난·안전: 폭우·폭설 대응, CCTV 관제센터, 주민대피시설, 재난방송 시스템

이 모든 기능은 시민의 삶에 지대한 영향을 미친다. 따라서 시장의 정책 판단 하나가 수많은 주민의 일상에 변화를 가져올 수 있다.

시정의 성패는 '정책 우선순위'에 달려 있다

모든 시정은 예산과 인력의 한계 속에서 운영된다. 무한정 사업을 할 수 있는 것이 아니다. 때문에 시장과 시의원이 선택하고 집중하는 정책의

우선순위가 무엇보다 중요하다.

예를 들어, 어떤 시장은 노인 인구가 많은 지역에 노인복지관 운영과 경로당 환경 개선을 우선순위로 잡고 예산을 집중 투자할 수 있다. 반면 청년 인구가 많은 도시라면 스타트업 지원센터와 주거 지원 정책에 예산을 배정할 수 있다.

이러한 판단은 지역의 현실과 주민 요구, 미래 전망 등을 바탕으로 정교하게 이루어져야 하며, 단순히 인기영합적 정책으로는 한계가 있다.

실제 사례로, 경기도 성남시 분당구는 교통 정체 문제를 해결하기 위해 기존 교통 체계 분석과 주민 의견 수렴을 통해 버스 노선을 조정하고, 스마트 교차로를 설치하는 방식으로 대응했다. 반면 일부 지자체에서는 민원이 많은 지역에만 임기응변식으로 사업을 배정해 장기적 비전 없이 세금만 낭비하는 경우도 있었다.

시민 참여의 중요성

시정이 효과적으로 작동하기 위해서는 시민의 참여와 감시가 필수적이다. 시정은 결국 시민의 세금으로 운영되며, 그 결과는 시민의 삶에 돌아오기 때문이다.

최근에는 시민 참여예산제, 주민참여형 공청회, 온라인 시정 제안 시스템 등 다양한 시민 참여 플랫폼이 확대되고 있다. 대표적으로 서울시의 '상상대로서울'은 온라인으로 누구나 정책을 제안하고 토론할 수 있게 한 플랫폼이다. 이 플랫폼을 통해 제안된 사안 중 많은 사안이 실제로 채택되어 시행되기도 했다.

이처럼 시민이 시정을 '감시자'가 아니라 '공동 설계자'로 참여할 수 있는 구조가 시정의 투명성과 효과를 높인다.

시정은 정치다

많은 사람들은 시정을 단순한 행정업무로 생각한다. 그러나 시정은 정치 그 자체다. 예산을 어디에 더 많이 쓸 것인지, 어떤 사업을 중단할 것인지, 누구를 우선 지원할 것인지 등 모든 결정은 '가치의 선택'을 내포하고 있기 때문이다.

예컨대, 장애인 이동권 확대를 위한 예산을 늘리는 대신 체육시설 예산을 줄이기로 결정했다면, 이는 단순한 행정이 아니라 '장애인의 권익을 우선시하겠다'는 정치적 메시지다. 시정의 모든 결정은 정치적 의미를 담고 있고, 그만큼 시장과 시의원은 가치를 설계하고 조정하는 역할을 한다.

시정 운영의 핵심: 시장과 시의회의 협력

시장이 아무리 훌륭한 정책을 구상해도 시의회의 동의가 없다면 실행될 수 없다. 반대로, 시의회가 아무리 좋은 조례를 만들어도 시장이 집행을 미루면 실현되지 않는다.

따라서 시정은 반드시 시장과 시의회 간의 협력과 견제의 균형 위에 운영되어야 한다. 정치적 이념이나 당파를 넘어, 지역 발전이라는 공동 목표를 공유하는 구조가 필요하다.

이 균형이 깨지면 불필요한 갈등과 행정 마비가 초래된다. 예를 들어, 일부 지역에서는 시장과 시의회의 다수당 소속 정당이 달라 정쟁이 계속되어 예산 통과가 지연되고, 사업 추진이 차질을 빚는 일이 빈번히 벌어진다.

시정을 이해하면 정치가 보인다

시정을 제대로 이해하면 정치에 대한 눈도 달라진다. 중앙정치가 보여주는 극단적인 진영 대결에만 눈길을 두기보다, 지역 정치가 우리의 삶에 어떻게 연결되어 있는지를 깨닫는 계기가 된다.

시정을 통해 지역에 실질적인 변화가 가능하다는 것을 체감한 시민은, 더 책임감 있게 투표하고, 더 적극적으로 참여하게 된다. 결국 건강한 시정은 건강한 시민의식에서 나오고, 건강한 시민의식은 건강한 시정으로 되돌아온다.

04

시장과 시의원,
누가 무엇을 책임지는가

지방자치의 양 날개: 시장과 시의회

지방자치는 두 개의 축으로 이루어진다. 하나는 행정의 수장인 시장, 다른 하나는 감시와 입법 기능을 수행하는 시의회다. 이 둘은 역할이 다르지만, 지역사회의 발전이라는 공동 목표를 향해 함께 나아가야 할 존재다.

이 구조는 중앙정부의 대통령과 국회와 유사하면서도 더 생활 밀착적이고 복합적인 양상을 띤다. 예산, 조례, 정책 실행, 민원처리, 지역 공공시설 조성 등 다양한 분야에서 이 둘은 협력과 긴장의 균형 속에서 활동한다.

이번에는 시장과 시의원의 기능과 책임을 구체적으로 나누어 설명하고, 시민의 삶에 어떤 영향을 미치는지를 살펴본다.

시장의 역할: 지역 행정의 최고 책임자

시장(또는 군수, 구청장)은 해당 기초 지자체의 행정 집행권자이자 대표자다. 시장은 시의 예산을 편성하고, 조직을 운영하며, 각종 정책과 사업을 설계하고 집행한다. 그 권한은 다음과 같이 정리할 수 있다.

첫째, 행정 운영권. 시 산하의 모든 공무원 조직을 관리하고, 각 부서의 업무를 총괄한다. 인사, 조직 개편, 사업 추진 등도 시장의 결재와 지휘 아래 움직인다.

둘째, 예산 편성권. 다음 해에 사용할 예산을 설계하여 시의회에 제출하고, 의결된 예산에 따라 사업을 시행한다. 예산의 흐름을 설계하는 것이 곧 정책의 방향을 결정하는 것과 같다.

셋째, 정책 기획 및 실행권. 도시개발, 교통정책, 복지 프로그램 등 지역 현안에 대해 종합적인 계획을 수립하고 시행한다. 시민과의 소통을 바탕으로 새로운 사업을 시작하거나 중단하는 등의 판단을 내린다.

넷째, 주민 대표자 역할. 외부적으로는 해당 시를 대표하여 국가 또는 다른 지방정부, 기업 등과 협상하며 지역을 알리고 외부 자원을 유치하는 역할도 수행한다.

시의원의 역할: 감시자이자 입법자

시의원은 시의회를 구성하는 지역 대표자로서, 다음과 같은 역할을 수행한다.

첫째, 조례 제정과 개정. 지역의 실정에 맞는 규범을 만들 수 있다. 예를 들어 반려동물 관리 조례, 소상공인 지원 조례, 통학로 안전 조례 등은 모두 시의원이 발의해 제정할 수 있는 정책 도구다.

둘째, 예산 심의·의결. 시장이 편성한 예산안을 심사하고, 삭감하거나 조정할 수 있다. 이를 통해 불필요한 예산 낭비를 막고 필요한 사업에 재원을 집중할 수 있도록 조정한다.

셋째, 행정 감시와 견제. 시장과 시 행정이 법과 원칙에 따라 제대로 운영되고 있는지를 감시한다. 행정사무감사, 시정질문, 감사요구권 등을 통해 문제점을 지적하고 개선을 요구할 수 있다.

넷째, 민원 대변자. 시민의 의견을 청취하고, 이를 시정에 반영하도록 노력한다. 시의원은 각 지역구에서 선출되므로 해당 지역 주민의 목소리를 가장 가까이에서 듣고 전할 수 있는 통로다.

협력인가, 견제인가: 시장과 시의회의 관계

이론적으로 시장과 시의회는 상호 보완적인 관계다. 시장은 행정을 집행하고, 시의회는 그 행정을 감시하고 규제하는 역할을 한다. 그러나 현실에서는 협력과 갈등이 혼재되어 나타난다.

먼저 협력의 사례 한 가지를 들면, 경기도 수원시는 시장과 시의회가 '통합복지플랫폼 구축 사업'에 대해 긴밀히 협력하며 전국적인 모범 사례를 만들어냈다. 시의회는 정책 토론회를 통해 다양한 시민 의견을 수렴했고, 시장은 이를 정책으로 반영하여 시행에 옮겼다.

다음으로 갈등 사례도 있다. 어떤 지자체에서는 시장과 시의회 간의 정당 구성이 다를 경우, 주요 예산이 계속 부결되거나, 의회의 감시를 무력화시키기 위해 시장이 임의로 예산을 변경하는 등 충돌이 지속되기도 한다. 이는 결국 시민 피해로 이어진다.

권한의 경계: 누가 어디까지 할 수 있을까?

지방자치법과 지방재정법, 조례 등에 따라 권한이 명확히 구분되어 있지만, 실제로는 경계가 애매한 경우도 많다. 특히 다음과 같은 영역에서는 협의가 필수적이다.

첫째, 예산 사용. 시의회는 예산을 승인하지만, 집행은 시장이 한다. 그러나 실행 과정에서 문제가 생기면 의회는 다시 감사를 통해 지적할 수 있다.

둘째, 정책 방향. 시장이 정책을 추진하려면 조례가 필요한 경우가 많다. 이때 조례 통과는 시의회의 손에 달려 있다.

셋째, 사업 성격 변경. 이미 승인된 사업의 방향이 크게 바뀌는 경우, 시의회와의 협의가 필요하다.

이렇듯 법적 경계를 넘나드는 사안에서 양측의 협력과 신뢰는 시정의 안정성과 시민 만족도를 결정짓는 중요한 변수다.

책임의 소재: 잘못이 생기면 누구 책임인가?

시정에서 문제가 발생하면 시민들은 '누구에게 책임이 있는가'를 묻게 된다. 일반적으로 다음과 같은 기준으로 책임이 나뉜다.

- 사업의 기획과 시행: 시장
- 예산의 승인 또는 삭감: 시의회
- 사업 추진 중 행정적 실수: 해당 부서장, 궁극적으로는 시장
- 시민 민원 방치: 담당 시의원, 또는 민원을 이행하지 않은 행정기관

예를 들어, 한 지자체에서 청소년 문화센터가 3년 넘게 착공되지 않고 방치되었다면, 기획 단계의 부실은 시장과 실무부서의 책임이고, 지속적인 예산 배정 실패는 시의회의 책임이 될 수 있다. 이처럼 책임의 소재는 복합적이며, 명확한 정보 공개와 행정의 투명성이 핵심이다.

시민은 '최종 책임자'다

시민은 단지 정책의 수혜자가 아니라 선출직 공무원의 '고용주'이자 '평가자'다. 시장이나 시의원의 권한은 시민의 위임으로 발생하며, 임기가 끝나면 시민은 투표를 통해 이들의 성과를 평가한다.

최근 몇 년 사이, 지방선거에서 재선에 실패한 시장들 가운데는 불투

명한 예산 운영, 시민과의 단절, 시의회와의 불필요한 갈등을 빚은 사례가 많았다. 반면 시민과 소통하고 시의회와 협력하며 실질적 변화를 이끈 시장은 대체로 높은 지지율로 재선에 성공했다.

따라서 선출직 공무원은 자신이 '국민의 선택을 받은 공복(公僕)'임을 항상 인식하고, 시민의 눈높이에서 일해야 한다.

지방의회의 위상과 시민의 오해

일반 시민들에게 시의회는 때때로 낯설고 어렵게 느껴진다. "시의원이 뭘 해?", "그 사람들 월급만 받고 일 안 하는 거 아냐?"라는 말이 나오는 이유다. 하지만 이는 지방의회의 실제 역할이 알려지지 않았기 때문인 경우가 많다.

실제 사례로, 서울시 어느 구의 한 구의원은 '쓰레기 무단 투기 구역' 문제를 해결하기 위해 CCTV 예산을 구의회에서 직접 제안하고 관철시켰으며, 해당 지역의 민원이 크게 줄었다. 이런 활동은 언론에 보도되지 않지만, 주민에게는 체감되는 변화다.

이처럼 시의원의 활동은 언론보다 생활 속에서 체험되는 성과가 더 크다. 시민들이 시의회에 대한 이해를 높이면, 지방정치의 질은 자연스럽게 향상된다.

시장과 시의원이 함께 만들어야 할 공적 리더십

시장과 시의원은 정당과 이념이 다를 수 있지만, 시민을 위한 행정과 정치라는 공동 책임을 갖고 있다. 협력과 긴장 사이에서 균형 있게 역할을 수행할 때, 건강한 지역 정치가 만들어진다.

시장과 시의원들은 지역의 공공 리더로서 다음과 같은 원칙을 공유해야 한다.

첫째, 시민의 이익이 당리당략보다 우선이다.

둘째, 공적 책임은 회피할 수 없는 약속이다.

셋째, 협치는 타협이 아니라 미래를 위한 전략이다.

넷째, 정치적 표현과 갈등도 결국 시민을 위한 것이어야 한다.

제2부

시장이 되기 위한 조건과 준비

05

시장이 되려면:
법적 자격과 절차

누구나 시장이 될 수 있는가?

"시장, 나도 될 수 있나요?"

이 질문은 시장이라는 자리에 관심이 있는 사람들이 가장 먼저 던지는 말이다. 결론부터 말하면, "법적으로는 누구나 될 수 있다." 물론 현실은 그보다 더 복잡하고 어렵지만, 선출직 공직자로서의 문은 모든 시민에게 열려 있다.

대한민국은 민주공화국이며, 국민은 선거를 통해 자신을 대표할 사람을 직접 선출한다. 헌법과 공직선거법은 모든 국민이 일정한 조건을 충족할 경우, 선출직 공직자로 나설 수 있는 권리를 보장한다.

시장이 되기 위한 기본 자격

기초지방자치단체의 장, 즉 시장(또는 군수, 구청장)이 되기 위해서는 공직선거법상 피선거권을 갖추어야 한다. 기본 요건은 다음과 같다.

첫째, 연령 요건으로는 선거일 현재 단 25세 이상이어야 한다.

둘째, 국적 요건으로는 대한민국 국적을 가진 국민이어야 한다.

셋째, 거주 요건으로는 일정 기간 해당 지방자치단체에 거주하지 않아도 출마는 가능하다. 즉, 타 지역 출신도 시장 출마는 가능하다. 단, 선거일 현재 기준으로 해당 지자체에 60일 이상 주민등록이 되어 있어야 한다.

넷째, 피선거권 제한 사유가 없어야 한다. 형사처벌(특히 금고 이상의 형)이나 공직선거법 위반으로 인한 선거권/피선거권 박탈이 없어야 한다.

이러한 기준만 충족되면 누구든지 시장 선거에 출마할 수 있다. 그러나 현실은 단순한 요건 이상을 요구한다.

정당 공천제와 무소속 출마

대한민국의 지방선거는 대체로 정당 공천제에 따라 운영된다. 대부분의 시장은 정당의 공천을 받고 출마하며, 이는 선거에 있어 막대한 영향을 미친다.

정당 공천이 중요한 이유는 다음과 같다.

첫째, 지역 내 정당 지지도가 선거 결과에 크게 작용한다.

둘째, 정당의 조직, 인력, 재정, 지지자 네트워크를 활용할 수 있다.

셋째, 언론 노출과 정치적 신뢰도를 일정 부분 보장받는다.

실제로 2022년 전국동시지방선거에서 당선된 시장들 대부분은 더불어민주당이나 국민의힘의 공천을 받은 인물이었다. 무소속으로 당선되는 경우는 매우 드물다.

하지만 무소속 출마도 가능하다. 정치적 독립성과 지역 기반이 강한 인물, 전직 시장·군수·국회의원 출신 중 일부는 무소속으로 출마해 성공한 사례도 있다.

후보 등록 절차

시장 선거에 출마하려면 후보자 등록 절차를 따라야 한다. 주요 단계는 다음과 같다.

① 예비후보자 등록(시장·구청장은 선거일 90일 전, 군수는 선거일 60일 전)

– 선거관리위원회에 예비후보로 등록하면 명함 배포, 후원회 개설, 정책 홍보 등이 제한적으로 가능해진다.

② 정당 공천 신청 및 경선 참여

– 소속 정당이 있는 경우, 당의 공천심사위원회에서 서류 심사, 여론조사, 면접 등을 거친다.

– 경선을 통해 최종 후보가 확정된다.

③ 후보자 등록 신청(선거일 전 20일경)

– 서류 제출: 가족관계증명서, 전과 기록, 학력 등

– 등록 기탁금 납부: 기초자치단체장은 약 1,000만 원(선거법에 따라 환급 조건 존재)

④ 공식 선거운동 기간 개시

– 선거 벽보, 공보물 배포, 유세차량 운영, 거리 연설 등이 가능해진다.

선거를 준비하는 현실적 조건

법적 자격이 있다고 해서 누구나 시장이 될 수 있는 것은 아니다. 실제로는 다음과 같은 조건과 자원이 준비되어야 한다.

첫째, 지역 기반. 지역 주민과의 관계, 지역 내 활동 이력, 시민사회단체나 자영업자 모임 등과의 유대가 강력한 무기가 된다.

둘째, 정치 네트워크. 정당 조직과의 관계, 정치권에서의 인지도, 지지 세력과의 동맹 등이 필요하다.

셋째, 공적 이미지와 전문성. 전직 공무원, 교수, 시민단체 활동가, 기업인 등 사회적으로 신뢰를 받을 수 있는 경력이 중요하다.

넷째, 자금과 인력. 선거운동에는 상당한 자금이 소요된다. 유세차, 홍보물 제작, 선거 사무실 운영, 인건비 등은 자금과 조직력이 동반되지 않으면 감당하기 어렵다.

선거운동의 실제

공식 선거운동 기간(13일) 동안, 후보자는 전방위적으로 자신을 알리고 지지를 호소해야 한다. 이때 활용할 수 있는 수단은 다음과 같다.

첫째, 명함 배포. 직접 거리 유세나 인사 활동 중 명함을 건넬 수 있다.

둘째, 유세 차량. 마이크 유세와 음악, 후보 슬로건 등을 싣고 다니는 차량을 운영해야 한다.

셋째, 정책 공약집 배포. 핵심 공약을 담은 전단이나 소책자를 배포할 수 있다.

넷째, SNS 활동. 특히 젊은 층을 타깃으로 한 유튜브, 인스타그램, 페이스북 활동이 유용하다.

다섯째, TV 방송토론회. 공직선거법에 따라 일정 인지도 이상의 후보는 방송토론회에 참여해야 한다.

성공적인 선거운동은 단순한 인지도 확보에 그치지 않는다. 신뢰를 주는 이미지와 메시지, 시민의 삶과 맞닿은 공약, 현실감 있는 전달 방식이 결합되어야 한다.

시장 출마자에게 요구되는 자질

시장이라는 자리는 단순한 정치인이 아니라 '시민의 삶을 통합적으로 설계하는 행정가'다. 그래서 다음과 같은 자질이 특히 강조된다.

- 공공성 : 사익보다 시민의 이익을 우선시하는 윤리적 감각

- 소통 능력: 다양한 계층과 지속적으로 대화하며 공감하는 능력
- 조직관리 능력: 수백 명에서 수천 명의 공무원 조직을 이끄는 리더십
- 정책 감각: 도시계획, 복지, 환경, 경제 등 분야를 통합적으로 이해하고 판단할 수 있는 지적 능력
- 위기 대응력: 재난, 여론 악화, 행정 혼선 등 상황에서 침착하게 조율하는 능력

이러한 자질은 선거운동 과정에서도 시민에게 분명히 드러나야 하며, 그것이 표로 이어진다.

실패에서 배우는 교훈

시장 선거에서 낙선한 후보자들의 사례를 보면, 몇 가지 공통적인 문제점이 드러난다.

첫째, 공약의 현실성 부족. 시민들은 과장되거나 비현실적인 약속보다 실현 가능한 방안을 선호한다.

둘째, 지역에 대한 이해 부족. 외부 인사가 급작스럽게 출마한 경우, 지역 문제에 대한 이해 부족이 표심 이탈로 이어지는 경우가 많다.

셋째, 소통의 부재. 일방적인 홍보 중심의 선거운동은 유권자에게 피로감을 준다.

넷째, 정당 내 갈등. 공천 과정에서 생긴 갈등이 선거 내내 발목을 잡는 경우가 적지 않다.

이러한 실패는 다음 출마자들에게 좋은 반면교사가 될 수 있다. 준비된 후보만이 시민의 선택을 받을 수 있다는 교훈은 반복해서 확인되고 있다.

'시장이 된다'는 것의 무게

시장에 당선된다는 것은 단지 선거의 승리를 뜻하는 것이 아니다. 그

것은 그 도시 수십만 시민의 삶을 결정짓는 책임을 짊어지는 것이다. 아
파트 재건축부터 복지정책, 쓰레기 처리, 대중교통, 공원 조성까지 시민
의 삶 깊숙이 개입되는 정책을 실행하게 된다.

그러므로 시장이 된다는 것은 단순한 권한의 획득이 아니라, 시민에게
봉사하겠다는 선언이자 다짐이다. 그것은 사적인 욕망으로는 결코 감당
할 수 없는 '공공의 자리'다.

06

훌륭한 시장의
기본 소양과 리더십

왜 '훌륭한 시장'이 중요한가?

기초자치단체의 시장은 단순한 행정 관리자가 아니다. 그는 도시 전체의 방향을 정하고, 예산을 편성하며, 주민의 삶을 설계하는 종합적 리더다. 시장 한 사람의 성향과 철학, 역량에 따라 도시의 행정 수준과 시민의 삶의 질이 극명하게 달라질 수 있다.

좋은 시장은 도시의 문제를 해결하고 미래를 준비한다. 그러나 나쁜 시장은 행정에 혼란을 주고, 세금 낭비를 유발하며, 시민의 신뢰를 무너뜨린다. 결국 지방자치의 성패는 제도의 문제가 아니라 사람의 문제로 귀결된다.

훌륭한 시장이 갖춰야 할 다섯 가지 기본 소양

첫째, 공공성에 대한 확고한 인식이다. 시장은 공적 자리를 맡은 공복(公僕)이다. 권한을 행사할 수는 있지만, 그것은 오직 공익을 위한 수단일 뿐이다. 자신의 정치적 이익이나 특정 세력의 편익을 위해 권력을 사용하는 시장은 그 어떤 능력이 있어도 실패한 리더다.

예를 들어, 2022년 지방선거 후 일부 시장이 자신의 측근이나 선거 운동원을 각종 위원회나 산하기관에 임명하면서 논란을 빚었다. 이는 공직을 사유화하는 대표적인 사례로, 시민의 신뢰를 떨어뜨리고 행정의 중립성을 훼손한다.

둘째, 청렴성과 윤리의식이다. 시장이라는 자리는 막대한 예산과 인사권을 행사하는 만큼, 청렴은 기본 중의 기본이다. 공사 수주, 땅값 상승, 재개발 인허가, 공무원 인사 등에 이해관계가 얽힐 가능성이 높은 만큼, 윤리적 기준은 더욱 높아야 한다.

충남의 한 도시에서는 시장이 배우자 명의로 도시개발 예정지에 토지를 보유하고 있었던 사실이 드러나면서 '셀프개발' 논란이 일었고, 시민의 분노가 폭발했다. 결국 그 시장은 재선에 실패했다.

셋째, 경청과 소통 능력이다. 훌륭한 시장은 말을 잘하는 사람이 아니라, 말을 잘 듣는 사람이다. 다양한 이해관계를 조율하고 정책을 설계하려면 먼저 시민의 목소리를 듣고, 공무원 조직과 소통하며, 시의회와 협의할 수 있어야 한다.

서울의 어느 구청장은 지역 주민과의 '소통형 골목회의'를 지속적으로 운영하여, 지역 민원들을 실시간으로 듣고 반영하면서 높은 주민 만족도를 얻었다. 이처럼 '경청하는 시장'은 가장 효과적인 리더십을 발휘할 수 있다.

넷째, 문제해결 능력과 실용성이다. 도시 행정은 매일 크고 작은 문제로 가득하다. 폭설, 악취, 노후건물 붕괴, 교통 체증, 하수도 역류 등 복합적 문제에 신속하게 대응할 수 있는 현장 감각과 실용적 사고가 필요하다.

경기도 화성시의 경우, 산업단지 주변 악취 민원이 지속되자, 시장이 직접 현장을 수차례 방문해 기업체 대표들과 간담회를 열고 악취저감시설 설치를 협약한 바 있다. 결과적으로 문제는 빠르게 해결되었고, 시민 만족도도 크게 높아졌다.

다섯째, 미래 비전과 전략 기획력이다. 시장은 '오늘을 관리'하는 동시에 '내일을 준비'하는 사람이다. 지속가능한 도시를 만들기 위해서는 단기 성과뿐 아니라, 중장기적 관점에서 도시 계획을 수립하고 추진할 수 있어야 한다.

예컨대 경기도의 한 시장은 '탄소중립 도시'를 목표로 장기 에너지 계획을 수립하고, 공공기관 태양광 설치와 녹색건축 조례를 제정하며, 대한민국 환경정책에 선도적인 역할을 했다. 이러한 비전은 도시의 브랜드와 경쟁력을 높이는 핵심 자산이 된다.

시민이 평가하는 시장의 리더십

시장에 대한 시민들의 기대는 예전보다 훨씬 높아졌다. SNS와 온라인 커뮤니티, 지역 언론 등이 발전하면서 시민은 시장의 일거수일투족을 실시간으로 감시하고 평가한다. 시장이 시민의 지지를 얻기 위해서는 신뢰와 결과, 그리고 진정성이 모두 필요하다.

시민이 인정하는 시장의 공통점은 다음과 같다.

첫째, 약속한 공약을 성실히 이행한다.

둘째, 정책 결과를 구체적으로 설명한다.

셋째, 시민의 불편에 직접 반응한다.

넷째, 시의회, 언론, 시민단체와의 관계를 적대적으로 만들지 않는다.

다섯째, 위기 상황에서 책임을 회피하지 않는다.

결국 훌륭한 시장은 단지 똑똑한 사람이 아니라, 공익을 중심에 두고 행동하는 사람이다.

리더십의 실전: 위기 상황에서 드러나는 진면목

평소에는 무던해 보였던 시장도, 위기 상황이 닥치면 리더십의 본질이 드러난다.

예를 들어, 폭우로 인한 침수 피허 발생, 감염병 확산, 지역 공무원의 부패 비리, 대형 사고(화재, 붕괴 등), 언론과의 갈등, 정치적 이슈 확산 등 각종 위기 상황이 일어날 수 있다.

이런 상황에서 시장이 해야 할 일은 즉각적인 현장 대응, 사실 공개, 시민과의 소통, 사후 조치 계획의 설명이다. 책임 회피나 '꼬리 자르기'식 대응은 시민의 분노를 초래하며, 행정 불신으로 이어진다.

사고가 나면 시장은 적절한 대응을 통해 시민을 안심시키고 문제를 해결해야 한다. 2024년 충남의 한 시에서는 수천 세대 아파트가 위치해 있는 곳 바로 옆 가축 사료 재배용 밭에 숙성이 되지 않은 계분(닭똥) 수백 톤을 거름으로 뿌리는 바람에 말할 수 없이 심각한 악취가 발생하여 아파트 주민들을 괴롭힌 사건이 있었다. 시는 사태를 파악한 후 계분과 섞인 밭의 토양 수천 톤을 거주자가 없는 먼 곳으로 신속하게 옮겨서 악취 문제를 해결하였다. 시장의 리더십은 이런 예기치 못한 위기 상황에서 잘 드러난다.

내부 조직과의 리더십

시장 리더십의 절반은 공무원 조직을 어떻게 이끄는가에 달려 있다. 시장은 실무자가 아니며, 행정의 모든 세부를 직접 챙길 수 없다. 대신 조직이 자율적이면서도 책임감 있게 일하도록 동기를 부여하고, 방향을 설정하며, 소통을 원활히 만들어야 한다.

이를 위해서 시장은 간부 공무원과의 소통 미팅을 정례화하고, 실무 담당자들의 전문성과 자율성을 존중하며, 성과보다 과정의 투명성과 협업 구조를 중시하고, '야근이 미덕'이 아니라 '성과 중심 행정'을 지향해야 한다.

시장이 신뢰를 바탕으로 조직을 이끄는 경우, 공무원들은 '시장 눈치'가 아닌 '시민 중심 행정'을 하게 된다.

정치적 리더십과 행정적 균형

시장은 정치인이면서도 행정가여야 한다. 이 둘은 때때로 충돌한다. 정치적 리더십은 메시지를 던지고 방향을 제시하는 역할을 하며, 행정적 리더십은 시스템을 안정적으로 운영하는 기능을 한다.

훌륭한 시장은 이 균형을 이해하고, 다음을 고려한다.

- 메시지는 강하게, 행정은 안정적으로
- 민심을 읽되, 포퓰리즘에 빠지지 않는다.
- 선명한 철학이 있어야 하지만, 정책은 유연하게 설계한다.
- 정당과 연계되더라도 행정은 정치적 중립을 지킨다.

시장의 리더십이 도시 경쟁력을 만든다

도시는 그 자체로 브랜드다. 그리고 도시 브랜드는 시장의 철학과 리더십에 따라 좌우된다. 문화도시, 창업도시, 교육도시, 복지도시, 환경도시 등 각 도시가 내세우는 정체성과 전략은 시장이 만들어간다.

예를 들면, 제주도는 원희룡 전 지사의 재임 기간 동안 '탄소 없는 섬' 프로젝트, 의료관광 중심 전략, 영리병원 논란 등을 통해 국내외 주목을 받았으며, 이는 도시의 이미지에도 영향을 미쳤다.

시장 개인의 리더십이 도시의 미래를 바꾸는 사례는 국내외 어디에서나 찾아볼 수 있다.

탁월한 시장이 지역 사회에 주는 영향

탁월한 시장은 지역 사회에 커다란 영향을 미친다.

첫째, 지역 간 신뢰 회복. 갈등보다 협력의 정치 문화가 형성되게 할 수 있다.

둘째, 청년과 인재 유입. 행정 신뢰와 비전 있는 정책으로 청년들의 정착이 증가하도록 할 수 있다.

셋째, 시민 참여 증대. 소통 구조가 살아나며 시민들이 시정에 적극 참여하게 된다.

넷째, 행정 혁신. 불필요한 행정 절차 간소화와 디지털 행정 전환으로 행정이 개선된다.

다섯째, 공공기관 투명성 강화. 인사, 예산, 정보공개가 체계화되어 투명하고 청렴한 공공기관 운영이 가능해진다.

이 모든 변화는 한 명의 시장이 일으킬 수 있는 파급력이다.

훌륭한 시장은 혼자서 탄생하지 않는다

마지막으로 중요한 점은, 훌륭한 시장은 개인의 능력만으로 완성되지 않는다는 것이다. 좋은 참모, 건강한 의회, 깨어 있는 시민, 그리고 투명한 행정 시스템이 함께 작동할 때 비로소 진정한 리더십이 발휘된다.

시장의 역량이 시정의 중심이라면, 시의회의 협력이 행정의 엔진이고, 시민의 참여가 도시의 연료다.

시장이라는 리더는 이 모든 것을 조율하는 지휘자다.

07

정책을 보는 눈:
문제 해결 중심의 사고

시장은 문제 해결자다

시장에게 가장 먼저 요구되는 것은 '말 잘하는 정치인'이 아니라 '일 잘하는 문제 해결자'다. 선거 당시 아무리 좋은 공약을 내세워도, 당선 이후 실제로 문제를 해결하지 못하면 시민은 등을 돌린다. 정책은 비전이자 도구이고, 문제 해결 중심의 사고는 정책 리더십의 핵심이다.

시장이 갖춰야 할 정책적 시각, 문제 해결형 사고는 무엇이며, 정책 설계와 집행 과정은 어떻게 될까?

정책이란 무엇인가: 단순한 아이디어가 아니다

정책이란 단지 '좋은 생각'이나 '새로운 시도'가 아니다. 정책은 공공 문제를 해결하기 위한 일련의 공식적이고 제도화된 행동 계획이다.

정책은 다음의 요소를 포함한다.

- 문제 인식: 어떤 문제가 발생했고, 그것이 왜 공공적 사안이 되었는

가?

- 대안 모색: 이 문제를 해결하기 위한 가능한 해법은 무엇인가?

- 실행 가능성: 재정, 인력, 법적 요건, 이해관계 등은 어떻게 조정할 수 있는가?

- 성과와 평가: 정책 시행 후 효과는 측정 가능한가? 피드백은 반영되는가?

예컨대 '청년 주거 지원'이라는 공약은 구체적인 정책이 아니다. 그것은 하나의 방향일 뿐이며, 실제 정책은 "공공임대주택 300호를 청년에게 우선 배정하고, 입주자는 창업 교육 수료자 중에서 선발한다"처럼 구체화된 실행계획이 되어야 한다.

문제 해결 중심의 사고란?

문제 해결 중심의 사고란, '이 정책이 시민의 실제 문제를 해결할 수 있는가?'를 중심으로 사고하는 방식이다. 가시적 성과나 보여주기 위한 이벤트성 사업이 아니라, 시민의 삶의 불편과 고통을 실제로 줄여주는 것에 집중해야 한다.

이 사고의 기본은 다음 세 가지로 정리할 수 있다.

① 문제의 본질을 파악하라.

- 표면적인 현상이 아니라, 근본 원인을 진단해야 한다.

② 시민의 입장에서 생각하라.

- 현장에서 무엇이 필요한지를 시민의 눈으로 바라보아야 한다.

③ 실행력을 중심에 두어라.

- 이상적 구호보다 실행 가능한 조치를 설계하라.

예를 들면, '교통 불편 해소'라는 문제를 해결한다고 할 때, 단순히 버스 노선을 늘리기보다 이용자 통계를 분석하고, 출퇴근 시간 밀집 노선을 조정하며, 환승체계를 개선하는 것이 문제 해결형 정책의 핵심이다.

정책 실패의 원인: 의도는 좋았지만…

시정에서 가장 흔한 오류 중 하나는 '의도는 좋았지만 실패한 정책'이다. 이는 대개 다음과 같은 이유로 발생한다.

첫째, 현장과 단절된 아이디어형 정책. 시장이 공약을 급조하거나 외부 컨설팅을 통해 형식적으로 설계한 정책은 현장의 복잡성과 불일치를 드러낸다. 예를 들면, 어느 시는 노인 일자리 창출을 위해 벽화 그리기 사업을 추진했지만, 실제로는 고령자들의 건강 상태나 기술 수준과 맞지 않아 참여율이 낮았고, 예산만 낭비되었다.

둘째, 이해관계 조정 실패. 정책은 다양한 집단의 이해가 얽혀 있다. 이를 조정하지 못하면 갈등만 부추기게 된다. 한 예로, 어떤 시장은 청년 창업지원을 위해 구도심 건물을 리모델링했지만, 인근 상인들과 마찰이 생겨 소송으로 이어졌다.

셋째, 지속 가능성 부족. 일시적 예산으로 화려하게 출발한 정책이 다음 해에는 재정 지원이 끊기고 중단되는 경우가 많다. 예를 들면, 한 시는 주민 참여예산제를 시행했지만 담당 공무원의 전보와 예산 구조 개편으로 1년 만에 사실상 유명무실해졌다.

정책 설계의 실제 과정

문제 해결 중심의 정책을 설계하기 위해서는 다음과 같은 프로세스를 따라야 한다.

- 문제 정의: 문제가 발생한 원인과 영향 파악(자료 수집, 현장 방문, 민원 분석 등)
- 정책 목표 설정: 단기·중기·장기 목표 구분

– 대안 도출 및 검토: 여러 시나리오 작성 및 장단점 비교

– 행정적 검토: 부서 협의, 예산 반영, 법령 검토

– 공청회·간담회 등 시민 의견 수렴

– 정책 확정 및 실행 계획 수립

– 시행 및 피드백 구조 마련

이 과정은 복잡하지만, 시장이 리더십을 갖고 추진하면 조직이 살아 움직이는 정책 시스템으로 작동할 수 있다.

문제 해결 중심 정책

▶ 사례 1 : "야간 여성 귀갓길 안전조명"(서울의 어느 구)

서울의 어느 구는 늦은 밤 여성 주민들의 불안감을 해결하기 위해 안심귀갓길 조명 설치를 추진했다.

기획 당시 주민 설문조사를 진행하고, 경찰서와 협력하여 CCTV, 비상벨, LED 조명 등을 설치하였다.

결과적으로 범죄율이 낮아지고, 주민 만족도가 상승하였다. 이 사례를 보면 '문제 인식 → 현장 분석 → 타 기관 협업 → 예산 집행 → 성과 분석' 까지 체계적이었다.

▶ 사례 2 : "공공청사 공기질 개선 사업"(경기도 어느 시)

민원인들이 자주 방문하는 청사 내 미세먼지와 곰팡이 문제를 해결하기 위해, 공기정화장치와 자연환기 시스템을 구축했다. 문제 제기에서 시작된 작은 정책이었지만, 전체 행정의 신뢰도와 직원 복무환경 개선에도 긍정적인 영향을 미쳤다.

시장이 가져야 할 정책적 감각

정책적 감각은 단순한 전문지식이 아니라 시민의 삶을 읽는 힘이다.

특히 다음 세 가지 능력이 중요하다.

첫째, 정책 언어화 능력. 시민이 이해할 수 있는 언어로 정책을 설명하고 설득하는 능력. 복잡한 행정 용어가 아니라, "이것이 당신의 삶에 어떤 영향을 주는가"를 말할 수 있어야 한다.

둘째, 데이터 기반 판단력. 감에 의존하는 것이 아니라, 통계와 실태조사에 근거해 정책 방향을 결정할 수 있어야 한다. 예를 들어, "출생률이 감소하고 있다"는 막연한 인식이 아니라, "우리 시 3년 평균 출생아 수가 20% 감소했고, 특히 20~34세 여성 유출이 높은 동네는 이곳이다"라는 데이터 해석이 필요하다.

셋째, 종합적 균형 감각. 복지, 경제, 환경, 교통 등 서로 충돌하는 분야에서 최적의 선택지를 찾는 능력이 필요하다. 예산의 제로섬 속에서 시민 다수의 삶을 긍정적으로 변화시킬 선택이 무엇인지를 고민해야 한다.

시의회와의 조율도 정책 리더십의 일부다

시장 혼자 정책을 추진할 수 없다. 예산과 조례는 시의회의 협조 없이는 불가능하다. 시장은 자신의 정책이 설득력을 가지도록, 사전 설명, 자료 제공, 협의 구조 마련, 언론 브리핑 등을 통해 신뢰를 구축해야 한다.

정책을 의회와 함께 '공동 생산'할 수 있는 구조를 만들면, 실행력은 더욱 높아진다.

시민 참여가 정책의 품질을 높인다

시민은 불만만 제기하는 존재가 아니다. 오히려 현장의 문제를 가장 잘 알고 있고, 정책의 아이디어 뱅크가 될 수 있다. 시민 참여 플랫폼, 주민 토론회, 동네회의, 제안제도, 주민참여예산 등이 이를 위한 수단이다.

한 사례로 서울의 한 구는 '주민 아이디어 공모전'을 통해 실제로 제안

된 소형 쓰레기 압축기를 공공시설에 설치하는 정책을 시행했고, 상당한
효과를 거두었다.

08

시장의 실무 감각:
조직, 예산, 계획의 총괄자

시장은 행정의 CEO다

많은 시민은 시장을 정치인 또는 얼굴 마담으로 생각하기 쉽다. 하지만 실제 시장의 역할은 훨씬 더 실무적이고 복잡하다. 시장은 행정조직을 총괄하고, 예산을 기획하며, 도시의 중장기 전략을 수립하는 '지역 행정의 최고경영자(CEO)'다.

'결재'만 하는 자리가 아니라, 행정 전반의 방향성과 실행력을 동시에 책임지는 자리다. 그런 시장은 어떤 실무적 책임이 있으며 어떤 역량이 요구될까?

시장이 총괄하는 조직의 범위

시장 휘하에는 수백 명에서 많게는 수천 명의 공무원이 있다. 예산 규모가 조 단위를 넘는 경우도 드물지 않다. 이처럼 방대한 조직과 재정을 어떻게 운영하느냐에 따라 시정의 성과가 달라진다.

시, 군, 구 행정조직의 일반적 형태는 다음과 같다.

첫째, 행정국, 복지국, 도시국, 환경극, 재정경제국 등 여러 국이 존재하며, 국 밑에 과, 과 밑에 팀이 편제된다.

둘째, 직속기관과 사업소를 둔다. 보건소, 농업기술센터, 도시재생지원센터 등이 포함된다.

셋째, 산하기관 및 출자출연기관을 둘 수 있다. 도시공사, 시설관리공단, 문화재단, 복지재단 등은 민간법인 형태이지만 시장이 지명한 인사들이 주요 책임을 맡는다.

시장은 이들 조직을 직접 지휘하거나 간접적으로 영향력을 행사하는 위치에 있다. 그러나 모든 것을 직접 챙길 수 없기에 조직을 어떻게 신뢰하고 조율하느냐가 실무 감각의 핵심이다.

실무 감각 ① 조직을 보는 눈

시장이 조직 운영에서 발휘해야 할 첫 번째 감각은, 조직을 통제 대상으로만 보지 않는 것이다. 중요한 건 '장악'이 아니라 '신뢰'와 '조율'이다.

시장이 조직을 움직이는 다섯 가지 방식으로 다음과 같은 사항들에 유의해야 한다.

첫째, 비전 공유. 시장의 철학과 방향을 조직 전체에 분명하게 전달해야 한다.

둘째, 역할 부여. 각 부서들이 맡은 일의 목표와 책임을 명확히 해야 한다.

셋째, 자율성 보장. 세부 집행은 실무자에게 위임하되, 그 책임은 공유한다.

넷째, 성과 관리. 단기 성과보다 프로세스와 협업의 질을 평가한다.

다섯째, 소통 문화. 보고보다는 토론이 중심이 되는 조직 분위기를 만든다.

실제로 경기도 내 한 시의 시장은 정기적으로 부서별 '정책 스터디'를 주재하면서 실무 담당자들이 자유롭게 아이디어를 제안하는 문화를 조성해, 조직 내부의 정책 생산력이 높아졌다는 평가를 받았다.

실무 감각 ② 예산을 설계하고 읽는 능력

시장의 또 다른 핵심 역량은 예산을 설계하고 분석하는 능력이다. 예산은 단순한 돈의 흐름이 아니라, 정책의 우선순위를 보여주는 정치적 언어다. 시장은 예산을 통해 철학을 드러내고, 정책을 실행에 옮긴다.

▶ 예산의 기본 구조는 다음과 같다.

– 세입 예산: 지방세(취득세, 재산세, 주민세 등), 국고보조금, 지방교부세, 사용료·수수료 등

– 세출 예산: 인건비, 복지비, 시설비, 유지관리비, 재난예산 등

▶ 이러한 예산은 다음과 같은 흐름으로 설계된다.

– 부서별 요구 예산 접수

– 기획예산과의 통합 조정

– 시장 비서실과 협의하여 전략적 배분

– 시장 최종 승인 후 시의회 제출

– 시의회 심의·의결

▶ 시장이 갖춰야 할 예산 감각은 다음과 같다.

– 단순히 '많이 배정된 항목'이 중요한 것이 아니라, 비중과 배분의 균형이 핵심이다.

– 전년도 예산과의 비교, 불용액(不用額, 쓰고 남은 돈) 비율, 반복 사업의 실효성 등을 읽을 줄 알아야 한다.

– 예산안을 설명할 수 있어야 하며, 시민과 의회 앞에서 왜 이 사업에

이만큼의 돈이 필요한지 설득해야 한다.

예를 들면, 대전광역시의 한 구청장은 '청년주거 지원사업'에 20억 원을 편성했으나, 사용률이 15%에 불과했다. 원인은 부적절한 신청 조건과 홍보 부족이었다. 시장이 단순히 편성어만 집중하고 성과 관리에 소홀했을 때 벌어지는 실패 사례다.

실무 감각 ③ 중장기 계획 수립과 전략적 기획

시장은 단기적 민원 해결을 넘어서서, 도시의 중장기 발전 방향을 설계하는 전략가여야 한다.

시장이 세워야 하는 중장기 계획은 시정의 각 분야별로 다양하게 존재한다.

중장기 계획은 5년 단위 도시기본계획, 경관계획, 환경계획, 공원녹지계획, 도시재생전략계획, 문화도시, 복지도시, 스마트시티 등 비전 계획, 기후변화 대응 로드맵, 탄소중립 계획 등 다양한 영역에서 수립된다.

이러한 계획은 대부분 외부 연구기관과 협업하여 수립되지만, 시장이 주도권을 가지고 핵심 키워드를 던지고 방향을 설정해야 한다.

전북 전주시의 경우, '한옥마을'이라는 고유 자산을 중심으로 문화도시 전략을 수립해 국내외 관광객 유치에 성공했고, 공공디자인과 콘텐츠 산업까지 연계되며 도시 경쟁력이 상승했다.

시장의 실무 감각은 위기에서 진가를 발휘한다

행정은 계획대로만 되지 않는다. 재난. 사고, 집단 민원, 예산 삭감 등 위기 상황에서 시장의 실무 감각이 시민의 신뢰를 결정한다.

예를 들면, 경북 포항 지진 당시, 시장이 즉시 현장으로 달려가 구조 지휘와 동시에 임시 대피소 운영, 복구 예산 편성, 정부와의 협상, 언론 브리핑을 하루 만에 수행해 전국적 호평을 받은 바 있다.

실무 감각이 있는 시장은 위기 대응 매뉴얼을 넘어, 현장 감각과 리더십으로 조직을 이끌 수 있다.

공무원 조직과의 관계 설정

시장과 공무원 조직의 관계는 지휘와 파트너십 사이의 균형이 중요하다. 공무원은 행정 전문가이지만, 정치적 판단은 시장이 내린다. 시장이 전문성을 존중하지 않으면 행정이 마비되고, 공무원을 두려워하면 정무 판단이 실종된다.

협업의 조건은 다음과 같다.

- 정치와 행정을 명확히 구분하되, 교류는 활발히
- 전문성을 존중하되, 공공성의 기준은 시장이 제시
- 성과 중심보다는 시민 가치 중심의 행정 운영
- 인사에서의 공정성과 예측 가능성 보장

정책 우선순위 설정: 선택과 집중

모든 문제를 다 해결할 수 없다. 실무적 시장은 정확한 선택과 집중을 통해 제한된 예산과 인력을 전략적으로 배치해야 한다.

▶ 선택 기준 예시:

- 시민에게 가장 체감도가 높은 문제인가?
- 타이밍이 중요한가? (지금 아니면 못하는 정책인가?)
- 미래 가치를 만드는가?
- 협치와 거버넌스(governance)를 형성할 수 있는가?

예산이 1,000억 원 있을 때, 50개 사업에 20억 원씩 나누는 것이 아니라, 5개 핵심 사업에 200억 원을 집중하는 것이 더 효과적일 때도 있다.

스마트 행정과 디지털 리더십

4차 산업혁명 시대, 시장은 기술에 대한 이해도 갖춰야 한다. 스마트 시티, AI 민원시스템, 도시 빅데이터 등은 더 이상 미래 이야기가 아니다.

예를 들면, 경기 고양시는 도시 전역에 스마트 CCTV와 환경 센서를 설치해 교통 흐름, 미세먼지, 범죄 예방 등 복합적 데이터를 실시간 수집하고 대응하는 시스템을 구축했다. 이 과정에서 시장이 ICT 정책에 대한 지속적 학습과 디지털 감수성을 갖추었기에 가능했다.

탁월한 시장의 역량과 역할

09

지역 전략가로서의
시장

전략은 단순한 계획이 아니다

시장을 단지 행정 책임자로만 생각하는 경우가 많지만, 실제로 시장은 도시의 비전과 방향을 설정하는 전략가다. 전략이란 단순한 계획이나 실행표가 아니다. 그것은 자원의 배분, 이해관계 조정, 외부 환경 분석을 종합해 도시의 경쟁력을 높이고, 시민 삶의 질을 향상시키기 위한 방향 설정이다.

탁월한 시장은 눈앞의 행정 문제만 해결하는 사람이 아니라, 지역의 미래를 설계하고 전략적으로 접근할 수 있는 사람이다. 전략이란, 지금의 자원을 어떻게 조합하여 더 나은 미래를 만들어낼지를 설계하는 창의적이고 통합적인 과정이다. 도시의 현황을 파악하고, 시민의 요구를 분석하며, 지방과 중앙의 관계를 가늠하고, 지역만의 특성과 강점을 활용하여 고유한 발전 방향을 정립하는 일이다.

왜 시장은 전략가여야 하는가?

과거의 시장은 '주어진 일'을 효율적으로 처리하는 관리자의 성격이 강했다. 하지만 지금은 복잡한 이해관계, 빠르게 변화하는 사회환경, 기후위기와 인구변화 같은 거대한 흐름 속에서 지역의 지속가능성을 책임져야 한다.

행정 경험이나 업무 이해도만으로는 충분하지 않다. 지금 지역사회가 맞이하고 있는 수많은 문제들—노인 인구 증가, 청년 인구 유출, 기후 변화로 인한 재난 대응, 교육과 돌봄의 양극화, 경제 생태계의 불균형 등—은 전략적 사고 없이는 해결이 불가능한 문제들이다.

시장이 전략가여야 하는 이유에는 여러 가지가 있다. 첫째, 복잡한 행정 문제를 종합적으로 판단해야 하기 때문이다. 둘째, 한정된 자원을 효과적으로 배분해야 하기 때문이다. 셋째, 민간, 중앙정부, 타 지자체와의 연계를 조율해야 하기 때문이다. 넷째, 중장기 계획과 단기 과제를 병행해야 하기 때문이다. 다섯째, 행정 조직 내부뿐 아니라 지역 사회의 다양한 주체들과 협력 구조를 설계해야 하기 때문이다.

시장에게 전략적 시각이 없다면, 도시는 외부 변화에 휘둘리고, 시민은 체계 없는 정책의 희생자가 될 수 있다.

전략적 사고의 요소들

전략적 사고에는 다음과 같은 사항들이 필요하다.

첫째, 장기적 시야 확보. 단기 실적에 급급하기보다는 10년, 20년 후 지역의 모습까지 내다보는 비전 설정이 중요하다. 이는 단순히 장밋빛 전망이 아니라, 지역의 구조적 문제를 정확히 진단하고 대응하는 실질적인 전략 수립을 의미한다.

둘째, 외부 환경 분석 능력. 국가 정책 방향, 인구 구조 변화, 산업 트

렌드, 기후변화 등 외부 요인을 반영한 정책 설계는 필수적이다. 특히 정부의 중장기 국정과제와 연계된 지자체 전략을 수립해야 국비 확보와 정책 연계의 시너지를 만들 수 있다.

셋째, 자원과 이해관계 조정. 지역 내 자원(재정, 인력, 인프라 등)뿐 아니라, 이해관계자(시민단체, 상공인, 교육기관 등)와의 조율 능력도 중요하다. 전략이란 모든 이해당사자의 균형점을 찾아내는 협상 과정이기도 하다.

넷째, 실행 가능한 선택. 이상주의에 그치지 않고, 현재의 행정력과 재정력으로 가능한 전략 수립이 되어야 한다. 이를 위해 정책 우선순위 설정 능력이 필요하며, 소위 "하면 좋은 일"보다 "하지 않으면 안 되는 일"을 먼저 분별해야 한다.

전략적 시장의 사례들

▶ 사례 1: 한 지방 거점도시의 '도시재생＋사회적경제' 연계 모델

이 도시는 낙후된 구도심 재생사업에 단순 건축개선이 아닌, 사회적경제 조직과의 협업을 도입해 일자리 창출과 주민 자산화를 병행했다. 지역 내 청년 협동조합, 사회적 기업, 마을 기업을 육성하고 이들을 도시재생 파트너로 포섭함으로써 물리적 변화와 사회적 변화를 함께 이끌어냈다.

▶ 사례 2: 수도권 한 대도시의 '기후행동 전략' 수립

이 도시는 기후위기에 대응해 도시 전체 에너지 전환 로드맵, 그린인프라 확충, 시민참여형 에너지 캠페인을 전략적으로 설계했다. 특히 시민들과 함께 기후시민헌장을 제정하고, 그에 따른 실천계획을 수립하여 지속가능한 행정 구조를 만들었다.

이처럼 전략은 새로운 문제의식과 종합적 접근에서 탄생한다. 성과 중심의 행정이 아닌, 구조 혁신 중심 행정이 가능한 시장이야말로 전략가적 시장이다.

전략 없는 시장이 남기는 문제들

반대로 전략 없는 시장은 여러 가지 문제를 남긴다. 중장기 전략 없이 눈 앞에 보이는 사업들만 하다보면 여러 가지 문제가 발생한다. 예를 들면, 단기 실적 위주의 전시 행정 반복, 연속성 없는 정책으로 인한 예산 낭비, 지역 특성에 맞지 않는 중앙정부 사업 수용, 비전 없는 공약으로 인한 행정 일관성 부족 등 일을 하고는 있지만 장기적인 관점에서 보면 시의 발전에 결국 큰 도움이 되지 않는 일을 반복한다.

이러한 결과는 결국 시민에게 피로와 냉소를 낳는다. 전략이 부재한 시장은 방향 잃은 배처럼 행정도 흔들리고, 지역사회도 분열된다. 특히 단기 공약 남발과 무분별한 민원 수용은 예산만 축내고 지역 발전에는 도움이 되지 않는다.

대도시와 중소도시의 전략 차이

전략적 접근은 도시의 규모와 특성에 따라 달라야 한다.

먼저 대도시는 복합적 문제(교통, 주거, 복지, 환경)를 통합적으로 해결하는 복합 전략이 필요하다. 여러 부서 간 협업을 유도하고, 시민 참여를 제도화하는 시스템 전략이 중요하다.

대조적으로 중소도시는 선택과 집중 전략이 중요하다. 하나의 핵심 분야(예: 문화관광, 귀농귀촌, 청년 창업 등)를 설정하고, 전 행정역량을 집중하여 지역 브랜드를 만들고 경쟁력을 높여야 한다.

사실 '모두를 만족시키는 전략'은 없다. 전략은 현실과 지역성에 맞춘 선택의 예술이다.

전략을 수립하는 방법: 실무 접근

전략은 '보고서'로 시작되지만, 현장에서 살아 숨 쉬게 하기 위해서는 다음과 같은 실무 방식이 필요하다.

첫째, 데이터 기반 분석. 통계청, 지자체 자체 통계, 국책연구기관 자료 등을 바탕으로 객관적 진단을 수행해야 한다.

둘째, 시민 의견 반영. 정책 방향 설정 전, 시민 간담회와 온라인 설문 등을 통해 수요 기반의 전략 수립이 필요하다.

셋째, 외부 전문가 네트워크 활용. 교수, 연구자, 정책 컨설턴트 등과의 협업 구조 마련이 필요하다. 자문단과 전문가 워킹그룹 운영을 통해 전략의 질 향상을 도모해야 한다.

넷째, 시정 목표와의 일치. 중장기 발전계획, 비전 선언문, 기본계획 등과 전략 과제를 연계해 일관성을 유지해야 한다.

전략은 일회성 보고서가 아니라 지속적 논의와 조정의 과정이다. 전략 계획을 잘 수립한 후 이를 기초로 계속해서 이해관계자들과 소통하면서 시의 발전을 위해 아이디어를 모아야 한다.

전략가는 혼자 만들지 않는다

전략은 책상 위에서 혼자 고민해서 나오는 것이 아니다. 시민과 행정, 전문가와 이해당사자들이 함께 참여하는 설계 과정을 통해 만들어질 때 더 튼튼하고 지속가능한 전략이 된다.

그래서 함께 전략을 만들어가는 문화와 체계가 필요하다. 전략을 토론하는 문화 만들기, 전략을 평가하고 수정하는 구조 만들기, 전략이 행정에 뿌리내릴 수 있는 실행 체계 마련하기가 되어야 한다.

전략은 시장의 머리에서만 나와서는 안 되며, 시민의 삶 속에서 나와야 한다. 그리고 그것을 종합적으로 엮어낼 수 있는 사람이 바로 시장이다.

이 모든 것을 추진할 수 있는 사람, 바로 그가 탁월한 시장이다.

전략은
시장의 머리에서만 나와서는 안 되며,
시민의 삶 속에서 나와야 한다.
그리고 이를 종합적으로 엮어낼 수 있는 사람이
바로 시장이다.

10

공무원 조직의
수장으로서의 역량

시장은 한 도시 공무원 조직의 '캡틴'이다

시장이라는 직책은 정치인이자 행정가이며, 동시에 수천 명 공무원의 수장(首長)이다. 시장이 가진 위상 중 많은 부분은 그가 이끄는 행정조직, 즉 시청이라는 집단 지성체를 어떻게 이해하고, 다루고, 리드하느냐에 따라 결정된다.

단지 '지시하는 사람'이 아니라, '가장 무겁게 책임지는 사람'으로서의 태도와 실력, 즉 조직 리더십 역량이 시장의 품격을 가른다.

공무원 조직의 기본 특징: 시장 리더십의 전제

시장에게 요구되는 조직 운영 능력을 이해하려면 먼저 공무원 조직의 특징을 알아야 한다. 민간 기업과는 구조, 목적, 문화가 전혀 다르기 때문이다.

공무원 조직의 핵심 특징으로는 다음과 같은 것을 들 수 있다.

- 법령 중심의 행정: 모든 업무는 법이 근거하여 처리됨
- 절차와 보고 체계 중시: 상명하복 문화가 여전히 강함
- 안정성과 신중성: '일을 안 해서 욕먹는 것'보다 '일을 하다 실수하는 것'을 더 꺼림
- 순환보직제: 한 부서에 오래 근무하지 않아 전문성이 불안정해질 수 있음
- 정치적 중립 의무: 시장과는 정치적 이해관계가 다름

이러한 조직 특성상, 시장이 이를 무시하거나 억누르려 하면 조직이 반발하거나 무기력해진다. 이해와 존중을 바탕으로 이끄는 리더십이 시장에게 요구된다.

공무원 조직이 신뢰하는 시장의 조건

공무원들은 시장이 바뀔 때마다 불안해한다. 업무 방향이 바뀌고, 인사가 바뀌며, 정책 우선순위도 변경되기 때문이다. 하지만 공무원들이 신뢰하는 시장은 일정한 공통점을 갖는다.

첫째, 일관성 있는 리더십. 공무원 조직이 신뢰하는 시장은 말과 행동, 방향성이 일치한다.

둘째, 전문성에 대한 존중. 공무원 조직이 신뢰하는 시장은 실무자를 신뢰하고 자율성을 보장한다.

셋째, 정책보다 시스템 중시. 공무원 조직이 신뢰하는 시장은 단기성과보다 행정 시스템을 개선한다.

넷째, 성과 독식하지 않음. 공무원 조직이 신뢰하는 시장은 성과를 부서와 실무자에게 돌려준다.

다섯째, 실패에 대한 관용. 공무원 조직이 신뢰하는 시장은 결과보다 도전 자체를 격려한다.

충남 지역 도시의 한 전직 시장은 현안 회의에서 부서를 직접 질책하기보다, "이 안이 이대로 시민을 설득할 수 있을까?"라는 질문을 던지며 문제를 구조적으로 바라보게 했다. 이 방식은 비난보다 개선을 유도하는 방식으로 직원들의 존경을 받았다.

시장의 리더십 유형: 어떤 수장이 되어야 하는가?

시장으로서 공무원 조직을 이끄는 리더십은 스타일에 따라 크게 세 가지로 나눌 수 있다.

첫째, 관리자형 시장이다. 이 유형은 보고 체계와 행정 절차에 익숙하고 세부 검토를 중시한다. 안정적인 시정 운영에는 강점이 있으나, 변화에는 소극적일 수 있다.

둘째, 비전 제시형 시장이다. 이 유형은 큰 그림을 제시하고 미래를 설계하는 데 강하다. 실무자의 역량과 자율성에 의존하되, 때때로 디테일이 부족할 수 있다.

셋째, 참여·소통형 시장이다. 이 유형은 부서와 시민, 의회와의 교류를 중시한다. 갈등 조정과 관계 유지에 능하지만, 결단력이 부족하다는 비판을 받을 수도 있다.

이 세 가지는 상호배타적이 아니라, 시기와 과제에 따라 균형 있게 결합해야 한다. 예컨대 위기 시에는 첫째 유형의 관리력이 필요하고, 장기 비전 설계에는 둘째 유형이, 조직 안정기에는 셋째 유형이 빛을 발한다.

시장의 인사권: 신뢰와 긴장의 시작

시장에게 가장 실질적인 권한 중 하나는 인사권이다. 국장, 과장, 팀장 인사뿐 아니라 산하 공공기관장 임명도 시장의 손에 달려 있다. 그러나 이 권한은 '힘'이 아니라 '책임'이다.

인사 운영의 원칙으로는 공정성과 예측 가능성, 보은성 인사 금지, 성과·능력 중심의 평가, 특정 정파·출신 편중 방지, 여성·청년 공무원의 리더십 기회 보장 등이 있다.

강원도의 한 기초자치단체장은 여성 사무관을 국장으로 승진시켜 인사혁신을 단행했고, 이 조치는 조직 내부에 신선한 반향을 일으켰으며, 이후 행정 효율성에서도 긍정적인 결과를 낳았다.

공무원과 신뢰를 쌓는 방법: 다섯 가지 실천

시장과 공무원 사이에는 어느 정도의 거리감이 존재할 수밖에 없다. 그러나 이 간극을 줄이기 위한 실천적 리더십이 필요하다. 주요한 다섯 가지 실천 사항은 다음과 같다.

첫째, 정례적인 내부 회의 운영. 단순한 보고보다, 기획 단계부터 아이디어 공유가 이루어지는 회의 체계 마련이 필요하다.

둘째, 불필요한 야근 문화 개선. '성과 중심의 유연 행정' 문화를 조성하고 직원들의 근무량을 잘 관리해야 한다.

셋째, 시장실의 개방성 강화. 실무자도 필요시 시장을 만나 이야기할 수 있는 통로를 확보해 줄 필요가 있다.

넷째, 공무원 교육과 연수 지원. 해외 연수, 워크숍, 자기계발 기회 확대 제공 등을 통해 직원들의 리프레시와 역량 강화를 도와주어야 한다.

다섯째, 성과보다 노력과 과정 인정. 실패를 문책하기보다 문제 해결의 동기를 부여해야 한다.

감시가 아닌 격려의 리더십

공무원 조직은 감시보다 격려와 동기 부여에 민감하다. 단점보다는 강점을 확대하는 리더십이 더 오래간다.

서울의 한 구청장은 매주 '칭찬 공무원 인터뷰'를 SNS에 게시하며 조직 내부의 선순환을 유도했다. 시민 반응도 좋았고, 내부에서도 자긍심이 높아졌다는 평가를 받았다.

부패의 유혹과 윤리의 리더십

시장이 공무원 조직을 잘 이끈다는 것은 단지 업무 효율만이 아니라 조직의 윤리성과 청렴도를 유지하는 것이기도 하다.

먼저, 인허가권, 공사 발주, 예산 집행, 채용 등은 부패의 고리가 될 수 있다. 시장이 부정부패의 유혹에 빠지기 가장 쉬운 영역이다.

다음으로 시장이 먼저 인사·계약·정보공개에서 투명성을 보여야 한다. 이 영역도 부정부패에 쉽게 노출되는 영역이다.

이런 영역에서 시장은 부정부패의 유혹을 끊어내고, 청렴한 시정을 펼쳐가야 한다.

인천의 한 지자체장은 건설 인허가 과정을 시민에게 전면 공개하고, '행정 투명화 시민 감사위원회'를 구성해 조직 내부의 자기 정화 시스템을 구축한 바 있다.

공무원 조직을 통한 행정 혁신

시장 혼자 행정을 혁신할 수 없다. 진짜 혁신은 공무원 조직 전체가 '이 방향이 맞다'고 느끼고 스스로 움직일 때 가능하다. 그래서 시장은 혁신의 아이디어보다 혁신의 동기를 제공하는 리더가 되어야 한다.

실무자 중심의 정책실험, 디지털 행정 시스템 개선, 민원처리 절차 간소화, 주민참여 시스템 확대 등은 모두 조직의 의지와 동기가 뒷받침되어야 성공할 수 있다.

진짜 혁신은
공무원 조직 전체가 '이 방향이 맞다'고 느끼고
스스로 움직일 때 가능하다.
그래서 시장은 혁신의 아이디어보다
혁신의 동기를 제공하는 리더가 되어야 한다.

11

시민과 소통하는
시장의 조건

시장과 시민의 거리는 얼마나 되는가?

시장(市長)은 한 도시의 최고 책임자지만, 동시에 수많은 시민에게는 '가장 멀리 있는 사람'처럼 느껴지기도 한다. 지방선거에서 투표를 하고 나면 시장은 텔레비전이나 인터넷 뉴스에서만 등장할 뿐, 실제로 직접 만날 기회는 거의 없다고 느끼는 시민들이 많다.

그러나 지방자치에서 시장과 시민의 관계는 '멀고 높은 권위'가 아니라 '가까운 파트너십'이 되어야 한다. 시장의 정책과 행정은 시민의 삶과 직결되며, 그만큼 시민과의 소통은 시장 리더십의 핵심 중 핵심이다.

소통 없는 시장, 위험한 리더십

시장과 시민 사이에 소통이 끊어지면 어떤 일이 벌어질까?

그러면 아마 이런 일들이 일어날 것이다. 시민의 요구와 실제 정책이 어긋난다. 민원과 항의가 계속되며 행정은 방어적으로 바뀐다. 정책 추진의 정당성이 약해지고, 시의회와의 갈등도 커진다. 언론과의 관계가 악화되며 비판 여론이 증폭된다. 결국 시민 신뢰가 무너지고, 재선 실패 또는 행정 마비가 이어진다.

경북의 한 도시 시장은 재개발 사업을 일방적으로 추진하다 주민 반발에 부딪혔다. 공청회도 열지 않았고, 보상 기준도 불투명했다. 이후 수백 건의 민원과 행정소송이 이어졌고, 사업은 지연되었으며 시장은 결국 낙선했다.

이처럼 소통 부재는 단순한 이미지의 문제가 아니라, 실질적인 정책 실패로 이어지는 치명적 약점이다.

소통은 단순한 '말하기'가 아니다

소통이란 '정책을 홍보하는 것'이라고 착각하는 경우가 많다. 하지만 진정한 소통은 말하는 것이 아니라, 듣고 반영하고 응답하는 것이다. 특히 시장과 시민 사이의 소통에는 다음과 같은 세 가지 핵심이 있다.

첫째, '경청'이다. 시민의 목소리를 있는 그대로 듣는 자세가 필요하다.

둘째, '설명'이다. 행정 결정의 이유를 이해 가능한 언어로 풀어주는 능력이 있어야 한다.

셋째, '반영'이다. 피드백을 정책에 실제로 반영하는 실행력이 뒷받침되어야 한다.

소통은 일방향이어서는 안 된다. 양방향으로 쌍방 간에 이루어져야 한다. 또 소통은 미디어 기술이나 포장력보다 진정성, 반응성, 실행력의 삼박자가 갖춰져야 한다.

시민은 '정보'를 통해 소통한다

시민과의 소통은 '정보공개'에서 시작된다. 내가 사는 지역에서 어떤 사업이 진행되고 있는지, 시 예산은 어디에 쓰이고 있는지, 내가 낸 민원은 어떻게 처리되고 있는지를 쉽게 알 수 있어야 시민은 행정을 신뢰하고 대화에 참여하게 된다.

소통의 출발점은 투명한 정보공개다. 시장은 시민들에게 숨길 것이 없다. 사업의 기획 단계부터 시민에게 공유할 필요가 있고, 예산과 세출의 항목별 공개, 민원처리 현황 실시간 공개, 시장 일정 및 회의 자료 정기 공개 등이 필요하다.

단, 간혹 기업 유치, 전략 사업의 추진, 타 기관과의 협상이 필요한 때 등에는 기밀을 유지해야 하는 상황도 있다. 그런 사안들의 경우에는 충분한 사후 설명이 필요하다.

서울의 한 구는 구청 홈페이지에 '예산 쓰임새 지도'를 게시해, 구민이 지도 위에서 각 동별로 예산이 어디에 얼마나 쓰였는지 시각적으로 확인할 수 있도록 했다. 이 기능은 시민의 관심과 참여를 높였고, '정책에 대한 지역 공감도'를 높이는 데 큰 역할을 했다.

시민과 소통하는 다양한 채널

시장과 시민의 소통은 다양하게 이뤄질 수 있다. 중요한 것은 일방적인 전달이 아니라 쌍방향 구조를 갖추는 것이다. 오프라인, 온라인. 제도적 소통, 상시 민원 채널 등 여러 가지 경로로 시민과 소통할 수 있다.

첫째, 오프라인 채널로는 공청회, 간담회, 찾아가는 민원상담 등을 들 수 있다. 직접 만나는 채널이며 신뢰 형성을 강하게 할 수 있다.

둘째, 온라인 채널로는 홈페이지, SNS, 유튜브 등을 활용할 수 있다. 빠른 정보 전달이 가능하고 젊은 층에 친숙한 채널이다.

셋째, 제도적 소통 채널로는 주민참여예산제, 시민참여위원회 등을 들 수 있다. 이는 정책 참여로 이어질 수 있다.

넷째, 상시 민원 채널로는 서울시 12C 콜센터, 지자체 홈페이지의 민원 신청 프로그램 등을 들 수 있다. 불만을 접수하고 문제를 해결하거나 개선할 수 있다.

한 사례를 보면 충북의 한 시에서는 '시장에게 바란다'라는 온라인 창구를 통해 접수된 제안 중, 한 시민의 '청소년 전용 독서실 확대 요청'이 실제 정책에 반영되어 지역 도서관 리모델링 계획이 수립되었다.

이처럼 소통의 구조가 제도화될 때, 시민은 시장과 '정책 공동생산자'가 된다.

시장이 직접 나서는 소통, 효과는 두 배

공무원 조직을 통한 간접 소통도 필요하지만, 시장이 직접 시민과 대면하고 설명할 때 정책에 대한 신뢰와 수용성은 훨씬 높아진다.

시장이 직접 나서서 소통하는 효과적인 직접 소통 방법에는 다음과 같은 것들이 있다.

첫째, 지역 순회 간담회. 읍면동 단위로 찾아가는 대화를 진행할 수 있다. 공동주택별 간담회도 가능하다.

둘째, 정기 민원 설명회. 주요 사안이나 민감한 정책에 대해 상세 설명과 질의응답의 시간을 갖는 것이다. 기자회견 형식으로 할 수도 있고, 해당 이해관계자들을 대상으로 할 수도 있다.

셋째, 유튜브 생중계 브리핑. 예산 편성, 신규 사업 등 주요 내용 설명하거나 할 수 있다.

넷째, SNS를 통한 소통. 시장이 페이스북, 인스타그램 같은 SNS를 통해 간단한 질의에 응답하거나, 민원을 청취할 수 있다.

예를 들어 인천의 한 구청장은 매달 한 번씩 구청 대강당에서 '시민과의 대화'를 열고, 실명 민원 질의에 실시간으로 답변했다. 이 과정은 생중계되었고, 이후 해당 민원의 처리 여부도 함께 공개되었다. '숨기지 않고 답하는 시장'의 모습은 큰 호응을 얻었다.

갈등을 두려워하지 않는 소통

정책에는 갈등이 따른다. 시장은 '모든 시민을 만족시키는 정책'을 만들기 어려울 수도 없다. 그러나 갈등을 피하지 않고, 대화의 장으로 이끌어내는 것이 시장의 소통 리더십이다.

재개발, 교통 체계 변경, 보상 문제, 환경시설 설치 등은 모두 격렬한 갈등을 수반할 수 있다. 이때 진짜 시장의 실력이 드러난다.

갈등 상황에서 이를 조정할 수 있는 소통 전략이 있어야 한다.

첫째, 반대 측 시민을 먼저 만난다.

둘째, 전문가, 중립 시민단체, 관계 부서가 함께 참여하는 공개 토론회를 연다.

셋째, 합의까지 시간이 걸리더라도 정당성과 절차를 지킨다.

넷째, 협의 과정과 결과를 공개한다.

경기도의 한 시는 혐오시설 설치 문제로 주민 반발이 거세자, 반대 주민과 시장이 공동으로 토론회를 주관했고, 외부 조정 전문가를 초청해 협상을 유도했다. 결국 시설 규모 축소 및 지역사회 환원사업을 포함한 수정안으로 갈등이 해소되었다.

소통의 말투와 언어도 전략이다

시장이라는 자리는 언론과 시민 앞에서 자주 말할 기회가 많다. 이때 사용하는 말의 방식, 어휘, 태도, 눈빛 모두가 정책의 이미지와 신뢰에 영향을 준다.

좋은 소통 언어의 특징은 다음과 같다.

첫째, 어렵지 않고, 일상적인 표현을 쓴다.

둘째, 시민을 위에서 내려다보는 말투가 아니라, 함께 고민하는 말투를 쓴다.

셋째, 책임을 회피하지 않고, 사과와 설명을 병행한다.

넷째, 추상적이지 않고, 구체적이고 숫자로 설명한다.

예를 들면, "정책에 대한 다양한 의견이 있다는 걸 잘 알고 있습니다. 이번 사업이 모든 분을 만족시킬 수는 없지만, 공정하게 절차를 거쳐 시민의 불편을 최소화하는 방향으로 다시 검토하겠습니다"와 같은 식의 말투가 필요하다. 소통에 있어 책임, 공감, 계획을 함께 담은 발언이 되어야 한다.

시장의 소통은 조직에도 영향을 준다

시장이 소통하는 방식은 공무원 조직 전반의 커뮤니케이션 문화에도 영향을 준다. 시장이 시민을 존중하면, 직원도 민원인을 존중한다. 시장이 언론을 적대하면, 부서도 정보 공개를 꺼리게 된다.

따라서 시장의 소통은 '시민과의 소통'이자 이와 동시에 '행정문화의 기준'이다.

대전의 한 구청장은 '시민 응대 매뉴얼'을 재정비하고, 직접 주민센터를 순회하며 친절 응대 사례를 공유하면서 전체 조직의 '소통 친화도'가 높아졌고, 민원 만족도도 개선되었다.

12

위기 대응과
갈등 조정 능력

위기 앞에서 시장의 진면목이 드러난다

시장의 자질이 가장 극명하게 드러나는 순간은 바로 예상치 못한 위기 상황이다. 계획된 일만 하는 시장이라면 누구나 잘할 수 있다. 그러나 위기 속에서도 당황하지 않고, 신속하게 판단하며, 사람들을 설득하고 이끄는 시장은 드물다.

이 장에서는 시장에게 요구되는 위기 대응 능력과 갈등 조정 능력을 실제 사례 중심으로 살펴보며, 탁월한 시장이 되기 위한 조건을 구체적으로 탐색한다.

시장은 '현장 최고 책임자'다

재난이나 사고, 대규모 민원, 언론 보도 파문, 공무원 비위, 정책 실패 등은 단지 한 부서의 문제가 아니다. 시민은 시장에게 책임을 묻고, 시장의 대응을 기다린다.

위기를 대응하는 시장으로서의 자세는 세 가지로 요약할 수 있다.

- 현장 중심: 책상보다 현장을 먼저 찾는 자세
- 책임 수용: 변명보다 책임을 인정하는 용기
- 공감 소통: 당사자의 아픔을 함께 느끼는 태도

2020년 부산의 한 구에서는 폭우로 인해 침수 피해가 발생했을 때, 당시 구청장이 직접 장화를 신고 피해 가정을 방문하고, 복구 계획을 SNS에 실시간 공유하며 시민에게 큰 신뢰를 얻었다. "현장에서 눈물을 닦아준 지자체장"은 단순한 리더가 아닌 시민의 코호자로 각인된다.

위기는 예고 없이 찾아온다

시장이 맞닥뜨리는 위기 유형은 생각보다 매우 다양하다. 예를 들면, 다음과 같다.

- 자연재해: 태풍, 폭우, 지진, 폭설 등
- 사회적 사건: 화재, 붕괴, 감염병, 교통사고 등
- 행정 내 문제: 공무원 비리, 정보 유출, 민원 처리 실패 등
- 정책 실패: 예산 낭비, 사업 부진, 주민 반발 등
- 갈등 상황: 재개발 반대, 지역 간 이해 충돌, 특정 시설 유치 반대 등

이런 위기 상황은 갑자기 찾아오며, 미리 준비된 대응 매뉴얼만으로는 충분하지 않다. 시장은 판단력, 통솔력, 소통력이라는 실시간 역량을 발휘해야 한다.

위기 대응의 5단계 전략

시장으로서 위기를 관리하는 핵심은 다음과 같은 5단계 전략에 있다.

① 신속한 인지: 사건이 발생한 후 몇 분 안에 현황 보고 체계를 가동해야 한다.

② 현장 확인: 관련한 국·과장, 재난 부서와 함께 현장을 직접 방문해
야 한다.

③ 정보 공개: 언론 브리핑과 SNS를 통해 사건 내용과 대응 방향을 시
민에게 알려야 한다.

④ 조치 및 협업: 피해자 보호, 복구, 후속 행정 절차에 대한 체계적 지
시를 해야 한다.

⑤ 평가와 개선: 사후 조치와 함께 재발 방지를 위한 제도 개선 약속을
해야 한다.

경북 포항의 지진 대응 사례는 한국 지방정부 위기 대응의 대표적 성
공 사례다. 당시 시장은 초동 대응부터 대피소 운영, 피해 복구, 심리치료
지원까지 전 과정을 시민과 함께하며, 중앙정부보다 더 빠르고 섬세한 리
더십을 보여줬다.

갈등 상황, 피하지 말고 마주하라

시정에서 발생하는 갈등은 피할 수 없다. 그러나 피하면 더 커지고, 정
면으로 마주하고 설득하면 해결의 실마리가 보인다.

자주 발생하는 대표적인 갈등 유형은 다음과 같다.

첫째, 도시개발, 재개발·재건축 반대 주민과의 갈등이 있다.

둘째, 공공시설 유치에 따른 님비(NIMBY) 현상이 있다. 특히 혐오시설
관련해서는 갈등이 치열하다.

셋째, 도로, 교통, 학교 배정, 도서관, 체육시설 등 생활 인프라 관련
갈등도 만만치 않다.

넷째, 상권, 노점, 공유지 이용 등에 대한 갈등도 많다.

다섯째, 타 지자체와의 자원 배분·경계 분쟁 등도 주요 사안이다.

이런 수많은 갈등 사안이 있지만 시장은 이를 직면해야 한다. 서울의

한 구의 한 공공임대주택 조성 사업에서는 주민 반대가 심각했으나, 지자체장이 반대 주민들과 다섯 차례에 걸친 간담회를 주재하고, 주거지 환경 개선 및 상권 활성화 대책을 포함한 상생안을 제시해 결국 협약을 이끌어 낸 바 있다.

갈등 조정의 리더십 기술

갈등을 해결하려면 '협상 기술'만으로는 부족하다. 시장에게는 다음과 같은 조정자형 리더십이 필요하다.

먼저, 당사자의 입장에서 문제를 재정의할 수 있는 공감력이 필요하다.

둘째, 제3자(중립 기관, 전문가 등)를 통한 조정 구조 마련 능력이 필요하다.

셋째, 타이밍을 놓치지 않는 결단력이 필요하다.

넷째, 최종 합의 이후 후속 조치를 책임지는 실행력이 필요하다.

경기도의 한 시에서는 산업단지와 마을이 맞닿아 있어 소음 민원이 잦았다. 시장은 산단 입주 기업, 주민 대표, 시의회, 환경 전문가로 구성된 협의회를 조직해, 공장 운영시간 조정, 방음벽 설치, 마을 지원기금 조성 등의 협상을 이끌어냈다.

위기 대응에서 가장 중요한 건 '신뢰'

위기를 다루는 방식에서 가장 중요한 것은 시민의 신뢰를 잃지 않는 것이다.

나쁜 결과가 나와도, 시장이 정직하게 설명하고 책임지는 태도를 보이면 시민은 이해하려 한다.

정보를 숨기고, 책임을 회피하면, 작은 문제도 정치적 위기로 확대된다.

시장은 자신의 말이 사실이고, 책임 있으며, 시민을 위한 것이라는 신뢰를 줄 수 있어야 한다.

지방의 어느 소도시에서는 시청의 건축 담당 팀장이 특정 업체와 유착했다는 보도가 나온 후, 시장은 즉각 사과하고 감사 착수 및 시민감시단 참여 제도를 도입했다. 이후 행정 신뢰도는 오히려 상승했다.

언론과의 관계, 위기 시 시장의 메시지 전략

언론은 위기 상황에서 시장의 판단과 발언을 확대하거나 왜곡할 수도 있다.

그래서 시장은 언론과의 관계에서 다음을 주의해야 한다.

첫째, 무대응은 곧 무책임으로 읽힌다.

둘째, 감정을 드러내는 대응은 더 큰 논란을 부른다.

셋째, 사실에 근거한 간결한 메시지, 그리고 일정한 간격의 추가 설명이 필요하다.

정기 브리핑, 실시간 질의응답, 공개자료 배포 등 정보 제공의 적극성과 균형 잡힌 어조가 신뢰를 만든다.

위기와 갈등은 기회가 될 수 있다

시장에게 위기와 갈등은 피해야 할 재앙이 아니라, 리더십을 증명할 기회다. 성숙한 시민들은 시장의 실수를 용서하지만, 거짓말과 무책임은 용서하지 않는다.

잘 대응한 위기는 오히려 시장에게 다음과 같은 자산이 된다.

첫째, 공무원 조직의 신뢰를 회복할 수 있다.

둘째, 행정의 투명성이 증진되고 시민들의 신뢰가 높아진다.

셋째, 시민의 참여와 연대가 증진된다.

넷째, 시장이 추진하는 정책이 개선되는 기회가 되기도 한다.

다섯째, 이를 통해 시장의 리더십이 성장한다.

시장에게 위기와 갈등은
피해야 할 재앙이 아니라, 리더십을 증명할 기회다.
성숙한 시민들은 시장의 실수를 용서하지만,
거짓말과 무책임은 용서하지 않는다.

13

지방정부의 비전과
중장기 계획 수립

시장은 단기 해결사가 아니라 미래 설계자다

시장에게는 '지금의 문제를 해결하는 능력'도 중요하지만, 더 중요한 것은 5년 후, 10년 후, 20년 후 도시가 어떤 모습이어야 하는지 상상하고 설계하는 능력이다. 지방정부는 중앙정부의 하청기관이 아니다. 그 자체로 하나의 '국가 단위'처럼 시민의 삶을 책임지고 이끌어야 한다.

시장에게 요구되는 중장기 전략 수립 능력은 단지 거창한 계획을 말하는 것이 아니다. 지속 가능한 도시, 성장하는 지역 공동체, 품격 있는 삶의 환경을 어떻게 설계할 수 있느냐가 핵심이다.

왜 중장기 계획이 필요한가?

기초 지자체는 종종 단기 성과에 치중하는 경향이 있다. 예산은 1년 단위로 편성되고, 시장의 임기는 4년에 불과하다 보니, 즉각적인 성과에 집중하는 유혹에 빠지기 쉽다. 그러나 진정한 행정은 당장 눈에 보이지 않더라도 미래를 위한 투자를 포함해야 한다.

기후위기 대응, 인구감소 대응, 도시 노후화, 청년 이탈, 지역 경제 구조 변화 등은 단기 대응으로는 해결할 수 없는 구조적 과제다.

중장기 계획은 이런 과제에 대해 일관된 방향과 전략을 제시하는 도구이며, 행정의 연속성과 일관성을 보장한다.

예를 들면, 지방의 한 도시는 2000년대 중반부터 '한옥 도시 브랜드화'를 중장기 계획으로 설정하고 관련 인프라 구축, 관광산업 육성, 도시 디자인 개선 등을 꾸준히 추진한 결과, 2020년대 들어 국내 대표 관광지로 부상했다.

중장기 계획의 기본 구조

기초 지자체의 중장기 계획은 대처로 다음의 틀로 구성된다.

- 비전 선언: 도시가 추구하는 방향성, 핵심 가치
- 전략 목표: 구체적인 정책 지향점 3~5개
- 실행 과제: 각 전략 목표를 달성하기 위한 실천 계획
- 연도별 로드맵: 예산 반영 시기, 제도 도입, 평가 시점 등
- 성과 지표: 측정 가능한 성과 기준 마련

충남의 한 도시는 '시민 삶의 질 1등 드시'를 목표로 삼고, ▲ 교육 도시, ▲ 친환경 도시, ▲ 디지털 기반 스마트행정, ▲ 공공의료 확충 등을 중점 전략으로 설정해 2030년까지 단계별로 실천할 계획을 수립했다.

중장기 계획 수립 시 시장이 주도할 일

계획은 실무자나 외부 연구 용역을 통해 초안을 만들 수 있다. 그러나 방향성과 전략의 핵심은 시장 본인이 주도적으로 설계해야 한다.

다음과 같은 역할이 필요하다.

첫째, 비전 설정자. 도시의 정체성과 미래 목표를 설정한다. 단순히 '행정 슬로건'이 아니라, 도시 전체가 공유할 수 있는 가치와 상징을 담아야 한다.

둘째, 통합 조정자. 부서 간, 세부 계획 간의 충돌을 조정하고 하나의 그림으로 통합한다.

셋째, 협력 구축자. 시의회, 공공기관, 민간 기업, 시민단체 등과의 협업 구조를 만든다.

넷째, 실행 책임자. 계획이 구호에 그치지 않도록 단계별로 점검하고 후속 조치를 끊임없이 챙긴다.

중장기 계획 수립 시 고려해야 할 핵심 영역

다음은 기초 지자체가 중장기 계획을 수립할 때 반드시 고려해야 할 6대 핵심 분야다.

첫째, 인구 구조 변화다. 인구 성장 또는 감소, 고령화, 청년 유출, 출산율 감소 대응 등 인구 구조의 변화를 고려해야 한다.

둘째, 지역 경제 재구조화다. 제조업 위축, 서비스 산업 혁신, 지역화폐·전통시장 육성, 소상공인 지원 등 지역의 경제 성장을 위한 사안들을 고려해야 한다.

셋째, 도시 재생과 인프라 현대화다. 낡은 도시공간의 재구성과 지속 가능한 교통·주거계획, 도시개발 및 경관계획 등을 고려해야 한다.

넷째, 기후·환경 전략이다. 탄소중립, 재생에너지 도입, 공원 녹지 공간 확충, 쓰레기 처리, 하수처리, 축사 악취 대응 등을 고려해야 한다.

다섯째, 디지털 전환과 행정 혁신이다. 스마트시티 기술, 인터넷 기반 소통, 데이터 기반 행정체계 도입 등을 고려해야 한다.

여섯째, 교육·문화 기반 확장이다. 지역 대학 연계, 청년 인재 유치, 생활문화 인프라 확대, 평생학습센터 운영, 문화예술 행사, 관광 자원 조성 등을 고려해야 한다.

이러한 요소들을 전략적으로 통합해야 실효성 있는 계획이 된다.

비전 없는 계획은 공허하고, 실행 없는 비전은 허망하다

시장이 중장기 계획을 세울 때 흔히 빠지는 두 가지 오류가 있다.

첫째, 비전만 있고 실행 계획이 없는 경우다. 멋진 구호와 이미지 중심의 계획만 만들고, 실제 예산 배정이나 연차별 실천은 빠져 있다.

둘째, 실행 계획만 있고 비전이 없는 경우다. 단기사업 나열에 그치며 도시의 정체성과 발전 방향이 보이지 않는다.

시장에게 필요한 것은 이 둘의 균형 잡힌 설계다. 즉, 실현 가능한 비전을 담고, 실행력 있는 계획으로 뒷받침하는 것이다.

예를 들면 한 광역시는 '정의롭고 풍요로운 도시'라는 포괄적 비전을 제시하면서도, 산업 구조, 청년 고용, 도시 디자인 등 각 분야에 세부 목표와 실천과제를 구체적으로 연결함으로써 실효성 있는 로드맵을 만들어 낸 사례로 평가받는다.

중장기 계획의 수립과정: 참여와 협력의 구조 만들기

시장 혼자서 중장기 계획을 만들 수는 없다. 반드시 참여와 협력의 구조가 필요하다.

다양한 시각을 가진 여러 전문가와 시민들이 참여하여 함께 하는 것이 바람직하며 그 작업에 함께 할 집단은 다음과 같다.

첫째, 공무원 조직이다. 각 부서가 주도적으로 기획하고 실현할 수 있도록 권한과 책임을 분산해 주어야 한다.

둘째, 시의회다. 예산 심의와 조례 제정 과정에서 계획의 정당성을 확보해 주어야 한다.

셋째, 시민. 주민 참여도 필요하다. 공청회, 시민 위원회, 온라인 의견 수렴 등으로 정당성을 강화해야 한다.

넷째, 민간 전문가도 들어와야 한다. 각 분야의 전문가들이 참여하여 전공별 시각에서 데이터 기반 분석과 미래 전망을 객관적으로 제시해야 한다.

다섯째, 타 지자체 및 중앙정부도 연계해야 한다. 혹 연계 가능한 프로젝트가 있으면 상호 협력으로 확대해야 한다.

예를 들면, 서울시는 '2040 도시기본계획'을 수립할 당시, 1년 이상에 걸쳐 전문가 60여 명과 시민 1,500여 명이 참여하는 대토론회를 거쳐 공동 목표와 비전을 도출했다.

중장기 계획의 실행을 위한 필수 조건

계획을 세우는 것보다 더 중요한 것은 실행과 점검이다.

다음과 같은 시스템이 반드시 필요하다.

- 성과 관리 체계: 연차별 이행 점검, 성과지표 도입
- 예산 연동 구조: 중기재정계획과 계획 목표 간의 일치
- 공무원 인센티브 연계: 핵심 과제를 추진한 공무원에 대한 포상
- 시장 임기 이후의 지속성 보장: 후속 시장이 이어받을 수 있도록 제
  도화

중장기 계획은 세우는 것도 어렵지만 지속적으로 실행하는 것도 어렵다. 그래서 계획에만 머물고 사실상 실패하는 경우도 종종 나타난다. 한 지자체는 대규모 '스마트시티 계획'을 세웠지만, 예산 배정이 따르지 않고 공무원 내부 이해도가 부족해 3년 만에 사실상 무산되었다.

중장기 계획을 시민과 공유하라

중장기 계획은 시청 내부 문서가 아니라, 시민과 공유하는 도시의 사회적 약속이 되어야 한다. 시장은 이 계획을 시민과 끊임없이 공유하고, 설명하고, 점검받아야 한다. 구체적인 실천 방안으로 다음과 같은 활동이 가능하다.

- 시 홈페이지에 요약본 공개
- 정기 브리핑과 주민 간담회
- 주요 과제에 대한 시민 평가 설문조사
- 1년 단위 이행 보고서 발간 및 유튜브 브리핑

계획을 시민과 공유하면 행정의 투명성과 정책의 정당성이 높아진다. 동시에 시민이 '도시의 변화 과정에 참여하고 있다'는 인식이 도시의 동력을 만든다.

제4부

잘못된 시장들의 사례와 교훈

14

권력의 사유화:
시장이 자주 저지르는 잘못들

공복(公僕)이 아닌 '주인'이 되려는 순간

시장(市長)은 시민의 위임을 받아 일하는 공직자다. 그러나 종종 일부 시장은 자신을 "선거로 선출된 최고 권력자"로 오인하며, 시정을 사유화하는 경향을 보인다. 시정의 목표는 시민 전체의 이익을 위한 공공행정에 있어야 함에도 불구하고, 시장의 입장이 개인적 이익이나 정치적 영향력 확대에 기울어질 때 지방자치는 본래의 목적을 상실하게 된다.

이 장에서는 시장이 자주 저지르는 권력 남용의 유형과 실제 사례, 그리고 이러한 행위가 남기는 폐해에 대해 살펴본다. 또한 이러한 문제를 방지하기 위한 제도적, 윤리적 장치도 함께 제안한다.

권력의 사유화란 무엇인가?

권력의 사유화는 시장이 가진 공적 권한을 자신의 정치적 이해관계나 사적 이익을 위해 사용하는 행위를 의미한다. 이는 명백한 부정행위일 뿐 아니라, 종종 법적 문제로 이어질 수 있으며, 동시에 행정의 신뢰를 근본부터 무너뜨린다.

시장이 권력을 사유화하는 주요 유형은 다음의 다섯 가지 정도로 구분할 수 있다.

첫째. 인사권 남용. 측근이나 선거 캠프 인사를 요직에 임명하거나, 사적 관계가 있는 인물에게 부적절한 특혜를 제공하는 것이다.

둘째, 개발 특혜. 가족 명의의 토지를 포함시켜 개발지구를 조성하거나, 특정 기업이나 지인에게 편중된 용도 변경 허가를 부여하는 등 특혜를 제공하는 것이다.

셋째, 예산 편성 남용. 치적 부풀리기나 불필요한 행사 예산을 과다 배정하거나, 선심성 예산을 대대적으로 편성하는 등 효율적인 예산 편성과 사용을 위반한다.

넷째, 공공기관 장악. 산하 기관장을 크드 인사로 채우거나 정치적 충성도에 따라 기관 운영을 장악한다.

다섯째, 정책 결정 비공식화. 비선 조직을 통해 주요 결정을 내리거나 공무원 조직의 공식 라인을 무력화하고 밀실 행정을 운영하는 것이다.

이러한 행위는 시정의 투명성과 공정성을 훼손하며, 결국 행정 전체에 대한 불신을 초래한다. 그리고 더 나아가 시장 자신과 그를 따르는 조직, 나아가 지역 사회 전체를 위기로 몰아넣는다.

권력 사유화의 가능한 사례

▶ 사례 1: 개발지구 지정과 배우자 명의 토지

전국의 여러 도시에서 문제 되었던 사례 중 하나는 시장이 배우자나 가족, 친인척 명의로 보유한 땅이 포함된 지역을 개발지구로 지정한 것이다. 이는 대표적인 이해충돌이며, 공직자윤리법 위반 소지가 있다. 특히 해당 토지의 매입 시점이 개발 발표 이전이었다면, 내부정보를 이용한 사익 추구로 형사처벌 대상이 될 수 있다.

해당 사례에서 시장은 개발지구 발표 이후 해당 토지의 가치가 수십 배로 상승함으로써 사적 이득을 보게 되었고, 지역 시민들로부터 '셀프 개발', '토지 투기형 행정'이라는 비판을 받았다. 사후에 조사가 이뤄졌지만 개발 절차가 이미 진행된 이후라 회복이 어려웠고, 행정의 정당성이 크게 훼손되었다.

▶ 사례 2: 선거운동 인사의 기관장 임명

어떤 시장은 자신의 선거를 도운 사람에게 보은 인사를 하기 위해 관련 경험이 부족한 인사를 도시개발공사나 복지재단 등의 기관장으로 임명하였다. 해당 인사는 조직 내부에서 리더십을 확보하지 못했으며, 수년간 기관은 사업 추진력과 대외 신뢰도 모두 떨어졌다.

더 큰 문제는 해당 인사가 시장 측근으로서 특정 사업에 부적절하게 개입하며 공정성을 훼손했다는 것이다. 결국 그 기관은 정기 감사에서 문제점을 지적받았고, 지방의회에서도 공공기관의 정치화를 강력히 질타하는 사태로 이어졌다.

▶ 사례 3: 행사 위주의 과잉 예산

재임 중 치적을 부풀리기 위해 과도한 축제·행사 예산을 편성하거나, 언론 홍보성 사업에 예산을 집중한 사례도 있다. 실제로 어떤 시장은 1년 동안 50회 이상의 각종 기념식과 페스티벌을 열고 조형물을 설치했으며 이 과정에서 막대한 예산이 소요되었지만 시민의 참여율은 낮았고 효과도 미미했다.

시장이 직접 홍보 영상에 출연하거나 특정 기념조형물을 과다하게 설치하는 등의 방식은, 본인의 이미지를 강화하기 위한 목적이 강하다는 비판을 받는다. 이 모든 것이 '시정을 위한 예산'이 아닌 '정치인을 위한 예산'으로 전락한다면, 그것은 명백한 공공재의 사적 이용이다.

왜 시장들은 이런 잘못을 반복하는가?

많은 경우, 시장 본인은 '이 정도는 누구나 한다', '정치적 신의와 책임이다'라고 주장한다. 그러나 이런 태도는 점점 사적 이해관계와 공적 책임을 혼동하게 만들고, 권한을 사유물로 인식하게 한다.

이렇게 되는 데는 다음과 같은 구조적 배경도 큰 원인이 되고 있다.

첫째, 권력의 집중. 행정 권한이 시장에게 집중되면서, 사적인 판단이 행정 전반을 좌우할 수 있게 된다.

둘째, 지방의회의 견제력 부족. 여소야대 구조가 아니거나 다수 의석을 차지한 정당이 시장과 같을 경우, 사실상 견제 장치가 무력화된다.

셋째, 지역 언론의 취재력 저하. 재정이나 인력 부족으로 인해 탐사보도 기능이 약화되면서 지역 권력에 대한 비판 기능이 떨어진다.

넷째, 시민 사회의 감시력 약화. 지역 시민단체나 민간 감시 기구가 활성화되지 못하면 외부 통제도 작동하지 않는다.

다섯째, 이러한 복합적 요인이 결합될 때 시장은 점점 공적 책임보다는 사적 편의를 좇는 위험한 길로 들어서게 된다.

사유화의 결과: 누구에게 피해가 돌아가는가?

시장이 저지르는 사유화 행위의 피해자는 결국 시민이다. 정책의 공정성이 무너지고, 예산이 낭비되며, 행정 신뢰가 추락한다. 이는 단지 도덕적 문제에 그치지 않고, 지역의 발전 기회를 송두리째 놓치게 만든다.

이로 인해 다음과 같은 악영향의 결과들이 나타날 수 있다.

첫째, 공무원 조직의 사기 저하. 능력보다 정치적 충성도가 기준이 되면 공직사회는 무기력해진다.

둘째, 행정의 비효율성 증가. 무리한 정책 추진, 이해 부족한 인사의 임명은 업무 마비로 이어진다.

셋째, 시민 불신 확대. 정보가 통제되고, 부당한 행정이 반복되면 시민은 정치에 냉소하게 된다.

넷째, 지역경제 및 복지 후퇴. 투자가 위축되고, 실질적인 복지 예산은 줄어든다.

다섯째, 도시의 브랜드와 이미지 하락. 사유화 사례가 외부에 알려지면 도시 전체가 불명예를 안게 된다.

사유화를 방지하기 위한 제도적 장치

권력 사유화를 방지하기 위해 다음과 같은 장치들이 필요하다.

첫째, 정보공개 강화. 인허가, 예산, 인사 등의 과정을 시민에게 공개하고 투명하게 공유한다.

둘째, 이해충돌 방지법의 엄격한 적용. 본인뿐 아니라 가족, 친인척의 재산과 이력도 공직 관련 이해관계에서 철저히 배제해야 한다.

셋째, 시민 감사 청구제 활성화. 지역 시민단체가 감사를 청구할 수 있는 제도를 활성화하고, 절차를 간소화한다.

넷째, 시의회의 감시 권한 강화. 자료 제출 요구권, 청문회, 인사 검증 등 의회의 감시 기능을 강화한다.

다섯째, 공공기관 인사 검증 절차 제도화. 산하기관 임명 시 외부 전문가가 참여하는 검증 절차를 도입한다.

지방의 한 도시에서는 공공기관 임원 임명 전 '시민 검증 청문회'를 열어 인사의 투명성을 높였다. 이러한 제도는 시장 개인의 의지와 상관없이 객관적인 기준을 적용할 수 있도록 도와준다. 시민 스스로 감시 주체로 나서는 것이야말로 사유화 방지의 가장 효과적인 방책이다.

시장의 자기 통제와 윤리 의식

결국 가장 중요한 것은 시장의 자기 절제와 윤리 감수성이다. 법이나 제도가 모든 것을 막아줄 수는 없다. 공직자로서의 자존감과 도덕적 책임감이야말로 사유화를 막는 최후의 방어선이다.

다음과 같은 질문을 스스로에게 정기적으로 던질 수 있어야 한다.

- 나는 누구를 위해 일하고 있는가?
- 이 결정이 공익에 부합하는가?
- 사적인 인연이 판단을 흐리고 있지는 않은가?
- 이 인사는 지역의 미래를 위한 적절한 선택인가?
- 시민 앞에서 이 정책을 떳떳이 설명할 수 있는가?

시장이라는 자리는 권력의 절제가 곧 리더십의 품격으로 연결되는 자리다. 시민과 공직자를 신뢰하는 시장이 결국 더 큰 신뢰를 받는다.

권력 사유화를 방조하는 주변의 함정

시장 혼자 잘못되는 경우는 많지 않다. 시장을 둘러싼 측근 그룹, 비서실, 정무특보, 지역 인사들이 시장의 사익 추구를 방조하거나 조장하는 경우가 많다.

"시장님, 이건 해도 됩니다", "이 정도는 다들 넘어갑니다"라는 말은 결국 시장을 무너뜨리는 독약이 된다.

시장은 가장 가까운 사람에게도 원칙을 요구할 줄 아는 '내부의 윤리 감독관'이 되어야 한다.

시장은 감사위원회를 통해 '청렴 행정'이 공직자 전체에 자리 잡도록 노력해야 한다.

권한의 절제는 리더십의 품격이다

권력을 절제할 줄 아는 시장은 시민에게 신뢰받는다. 가장 많은 권한을 가졌지만, 가장 겸손한 태도로 임하는 리더야말로 진짜 정치가다.

- 임명권이 있어도 공정 채용 절차를 지키는 시장

- 정보공개 요구를 회피하지 않는 시장

- 측근에게도 거리와 기준을 지키는 시장

- 자신에게 불리한 감사 결과도 인정하는 시장

- 시민과 언론 앞에 늘 설명하고 사과할 준비가 된 시장

이러한 시장은 단기적으로는 힘이 덜할 수 있지만, 장기적으로는 지속 가능한 신뢰를 쌓는다.

시장(市長)은
시민의 위임을 받아 일하는 공직자다.
시정의 목표는
시민 전체의 이익을 위한 공공행정에 있어야 한다.

15

부패의 유혹:
이해충돌과 직권남용의 함정

공직자의 길목에 놓인 유혹

시장이라는 자리는 막강한 권한과 넓은 영향력을 가진 자리다. 예산을 편성하고 인사를 단행하며 정책의 방향을 결정하는 이 자리에 오르면, 당연히 각종 이해관계가 몰려들게 된다. 시장이 되는 순간, 수많은 유혹이 공직자의 길목에 던져진다. 그중에서도 가장 위험한 것은 이해충돌과 직권남용을 통한 부패다.

이 장에서는 부패의 유혹이 어떤 방식으로 시장을 덮치는지, 이해충돌의 유형과 직권남용의 실태가 어떻게 드러나는지, 그리고 이를 예방하기 위한 행정적·윤리적 기준은 무엇인지 구체적으로 다룬다. 아울러 유혹의 구조적 기반, 제도적 한계, 문화적 요인에 대해서도 폭넓게 살펴본다.

이해충돌이란 무엇인가?

이해충돌이란, 공직자가 공적인 권한을 행사하는 과정에서 자신 또는 자신의 가족이나 지인 등과 관련된 사적 이익이 관련될 경우를 말한다. 이해충돌이 발생하면, 공정한 의사결정이 어렵고, 시민의 신뢰는 흔들린다.

이해충돌의 대표적 유형으로는 다음과 같은 사항들이 있다.

- 부동산 관련 정보 유출: 도시개발, 용도 변경 등 내부 정보를 이용한 투기
- 보조금 배정 관련 이해관계: 가족이 운영하는 시설에 예산 지원
- 인사 개입: 친인척 또는 측근을 채용하거나 승진시킴
- 사업 수주 및 계약: 특정 업체와의 유착, 불공정 계약 체결

공직자의 이해충돌은 단순한 실수가 아니라, 의사결정 구조 전체에 영향을 미치는 위험한 비리의 씨앗이다. 특히 기초 지자체의 경우, 지역 내 이해관계가 촘촘히 얽혀 있어 이를 예방하는 것이 더욱 어렵고도 중요하다.

직권남용의 실태

직권남용은 공직자가 법령상 권한을 벗어나 자신의 영향력을 통해 타인에게 불이익을 주거나 특정한 이익을 제공하는 행위를 말한다. 이것은 공무원법, 지방공무원법, 형법 등 다양한 법률에서 금지하고 있는 위법행위다.

직권남용의 구체적 사례로는 다음과 같은 것들이 있다. 불리한 보고를 한 공무원 좌천, 비판적인 시민단체에 대한 보조금 삭감, 언론사 취재 제한 및 불이익 조치, 특정 업체의 인허가 편의 제공, 지방의회 예산 심의에 부당 개입하거나 시의원에게 이권을 약속하는 등이다.

경남의 한 도시의 시장은 본인을 비판한 지역 언론에 대해 시에서 발주하는 홍보예산을 전면 중단하도록 지시했다. 이는 공적 예산을 이용한 언론 탄압이자 명백한 직권남용으로 지적되었다. 또한 같은 시에서는 지역 기업이 아닌 외부 특정 기업에 일감을 몰아주었다는 의혹이 제기되었

으며, 이에 따라 행정 신뢰도가 크게 흔들렸다.

부패는 구조적이다: 선거와의 연결고리

많은 부패 행위는 시장 개인의 윤리적 결함뿐 아니라, 선거를 통해 형성된 정치적 구조와도 밀접한 관련이 있다. 특히 다음과 같은 구조적 문제가 부패를 촉진한다.

- 후원자에게 보은 인사를 해야 한다는 압박
- 선거 자금의 불투명한 흐름
- 정치적 지지 기반을 다지기 위한 예산 편성
- 지역 인맥과의 유착 관계 유지
- 선거 캠프 출신에 대한 과도한 인사 우대 관행

이처럼 선거 승리가 곧 "자리를 나눠주는 권리"처럼 여겨지는 구조는 지방정치의 부패를 고착화시킨다. 이 구조를 해체하지 않는 이상, 이해충돌과 직권남용은 반복될 수밖에 없다. 특히 소규모 지역의 경우, 지연·혈연·학연 중심의 밀집된 네트워크가 시장의 의사결정에 사사로운 영향을 미치게 된다.

충남의 한 도시에서는 새로 취임한 시장이 전임 시장 때에 비해, '어공(어쩌다 공무원)'이라고 부르는 정무직 공무원 숫자를 대거 늘려 선거캠프 관련자들을 자리에 앉히려고 하여 큰 문제가 되었다.

발생 가능한 사례들

▶ 사례 1 : 비선 측근이 좌우한 인허가

지방의 한 도시에서는 시장의 친구가 운영하는 회사가 도시개발구역 지정 직전에 인근 땅을 대량 매입했고, 이후 해당 지역이 지정되면서 수십 억 원의 차익을 남겼다. 시장은 해당 회사의 사업계획서가 시청 내부

정보와 거의 일치한다는 비판을 받았고, 결국 검찰 수사 대상이 되었다.

이 사례는 행정계획 수립 과정이 폐쇄적으로 운영되었고, 내부정보 관리가 허술했음을 보여준다. 시민들은 이 사건을 계기로 시정을 투명하게 감시할 수 있는 장치의 필요성을 절감하게 되었다.

▶ 사례 2: 가족 운영 복지시설에 보조금 몰아주기

지방의 또 다른 한 도시의 시장은 배우자가 대표로 있는 복지법인에 시 예산으로 매년 수억 원을 지원했다. 해당 시설은 다른 기관보다 운영 평가가 낮았음에도 불구하고 계속해서 최고 수준의 보조금을 받았다는 사실이 밝혀졌다.

문제는 여기서 끝나지 않았다. 해당 복지법인 소속 일부 직원은 지역 선거운동에 동원된 정황도 발견되었고, 결국 정치적 이해와 복지행정의 경계가 무너졌다는 평가를 받았다. 행정의 공정성이 훼손된 대표적 사례다.

시민 피해는 조용히, 그러나 깊게 퍼진다

이해충돌과 직권남용의 피해는 눈에 잘 보이지 않는다. 겉으로는 아무 문제 없이 행정이 돌아가는 것처럼 보이지만, 실상은 다음과 같은 방식으로 시민의 삶에 부정적인 영향을 미친다.

- 복지예산의 왜곡: 필요한 곳에 지원이 가지 않고, 비효율적 시설에 집중됨
- 공정한 채용 기회 상실: 인사 과정에서 불공정한 경쟁이 발생함
- 지역 경제 왜곡: 공정하지 못한 수주 구조는 지역 기업의 경쟁력을 떨어뜨림
- 행정 불신 확대: 시정 전반에 대한 시민의 신뢰가 급속히 하락함
- 세금 낭비: 형식적인 사업, 불필요한 홍보 등에 시민 세금이 낭비됨
- 행정의 왜곡: 실질적인 문제 해결보다 특정 인물 보호에 행정 역량

이 낭비됨

시민은 종종 이러한 문제를 직접 느끼지 못한 채 "왜 우리 도시는 늘 제자리인가?"라는 인식만 갖게 된다. 이것이 바로 부패가 시민의 삶을 서서히 갉아먹는 방식이다.

어떻게 예방할 수 있을까?

이러한 문제를 예방하기 위해 다음과 같은 제도적·문화적 장치가 필요하다.

첫째, 이해충돌 등록제. 공직자는 본인과 가족의 재산 및 관련 이해관계를 정기적으로 등록해야 한다.

둘째, 공공정보 공개 강화. 인허가, 예산, 계약 등의 주요 정보를 시민에게 쉽게 접근 가능하게 공개해야 한다.

셋째, 감사 시스템의 독립성 확보. 시장의 영향력에서 벗어난 감사위원회를 구성 운영해야 한다.

넷째, 시민 참여 제도 도입. 예산 편성과 감시에 시민이 직접 참여하는 구조 마련이 필요하다.

다섯째, 공무원 윤리교육 강화. 조직 차원에서의 청렴문화 확산 노력이 필요하다.

여섯째, 정보공개 청구제 활성화. 시민이 직접 자료를 요청하고 분석할 수 있도록 체계 개선이 필요하다.

서울시의 경우, '정보공개포털'을 통해 대부분의 계약, 인허가, 채용 정보를 시민이 직접 열람할 수 있게 하면서 부패 가능성을 사전에 차단하는 시스템을 갖추었다. 일부 지자체는 시민이 참여하는 예산편성 위원회를 운영해 공정성을 확보하고 있다.

시장 스스로의 윤리 기준

어떤 제도도 결국 그 제도를 운용하는 사람의 윤리성을 대신할 수 없다. 시장 스스로 다음과 같은 기준을 설정하고 지켜야 한다.

- 내 결정이 시민 누구에게나 공정한가?
- 이 사업이나 계약에서 사적인 이해관계가 개입되어 있지는 않은가?
- 시민의 세금으로 추진되는 정책이 정말 필요한 것이었는가?
- 내가 아니더라도 이 정책은 같은 방식으로 진행됐을까?
- 이 결정이 남은 임기뿐 아니라, 후임 시장과 시민에게도 도움이 되는가?

시장으로서의 자기 성찰과 자율 규범은 제도 이상의 효과를 발휘할 수 있다. 정무적 판단과 행정적 판단을 구분하는 통찰력이 요구된다.

16

—

언론과의 갈등,
시민과의 단절

투명하지 않은 시장, 신뢰받지 못하는 리더

시장(市長)은 시민을 대표하고 시정을 이끄는 수장이지만, 동시에 끊임없이 감시받고 질문받아야 하는 자리다. 시장이 정당한 비판을 무시하고, 언론과 시민과의 소통을 차단할 때, 시정은 점차 외부로부터 단절되고 독단적으로 흐르게 된다. 이 장에서는 시장이 언론과 시민과의 관계에서 자주 보이는 단절적 행태, 그리고 그것이 어떻게 행정 왜곡과 신뢰 하락으로 이어지는지를 분석하고, 바람직한 소통 구조의 회복 방안을 제시한다.

언론은 시민의 눈과 귀다

지역 언론은 시민의 알 권리를 대신해 정보를 취재하고, 시정 운영의 적정성을 평가하며, 감시하는 기능을 가진다. 그러나 일부 시장은 언론을 감시자보다는 적대적 비평가로 간주하며, 언론과의 갈등을 불필요하게 고조시킨다.

언론과의 갈등이 발생하는 주요 이유는 다음과 같다. 비판 보도에 대한 과민한 반응, 정보 비공개 또는 제한적 제공, 출입기자단 차별 및 특정 언론사 배제, 시정 홍보를 광고 예산으르만 접근하는 태도 등과 같은 것이다.

실제로 일부 지자체는 광고비를 무기로 언론의 보도 방향에 영향을 주려 하거나, 기자의 질문에 응답하지 않고 일방적인 자료 배포만을 택하기도 한다. 이는 결과적으로 언론과의 소통 단절을 가져오고, 나아가 시민의 알 권리를 침해하게 된다.

정보는 권력이 아니라 공공재다

시민이 시정을 제대로 이해하고 평가하기 위해서는 정확하고 시의적절한 정보 제공이 전제되어야 한다. 그러나 일부 시장은 불편한 정보를 차단하거나, 긍정적인 자료만 배포함으로써 정보를 통제의 도구로 활용한다.

대표적인 정보 통제 사례로는 다음과 같은 것들이 있다. 부정적 감사 결과나 내부 보고서 비공개, 특정 언론이나 의회 질의에 불성실하게 답변, 민원 통계 왜곡, 민원처리 결과 누락, 정책 추진 일정이나 변경 사항 사전 비공개 등과 같은 것들이다.

정보가 공유되지 않으면, 시민은 시정의 흐름을 파악하지 못하고, 행정 결정에 대한 참여와 통제도 불가능해진다. 정보의 독점은 결국 행정의 독선으로 이어진다.

언론 탄압이 초래한 실제 사례

▶ 사례 1 : 언론사 광고 중단 지시

지방 한 도시의 시장은 본인의 정책을 비판한 지역 신문사에 대해 시청과 산하기관의 모든 광고 예산을 중단하라고 지시했다. 이로 인해 해당 언론사는 경영 위기를 겪었고, 다른 언론들도 위축되어 비판 기능을 수행하지 못했다. 이후 시정에 대한 감시가 약화되면서, 복수의 부실 사업이 그대로 추진되었고 시민들의 불만이 커졌다.

▶ 사례 2: 출입 기자단과의 불화

수도권 한 지차체에서는 시장이 출입기자단의 질문을 "정치적 공격"이라며 반복적으로 무시했고, 브리핑 때마다 기자와의 충돌이 발생했다. 이로 인해 시청 출입기자단은 공동 성명을 내고 공식 항의하였으며, 이후 시장은 일부 언론과의 접촉을 전면 차단하는 초강수를 두었다. 결국 언론과 시정의 신뢰는 심각하게 훼손되었다.

시민과의 소통 단절: 권위주의의 서막

언론뿐 아니라, 시민과의 직접 소통을 회피하는 시장들도 적지 않다. 이는 행정의 민감한 사안에 대해 시민과의 의견 수렴을 피하고, 자신에게 불리한 발언이나 비판을 차단하려는 의도에서 비롯된다.

소통 단절의 징후로 볼 수 있는 현상들은 다음과 같다. 정기 시민 간담회나 공청회 미개최, 민원 접수 창구의 비공식화 혹은 무력화, SNS 차단, 댓글 삭제, 비판 게시글 신고, 비판하는 시민단체에 대한 소극적 대응 등과 같은 현상들로 파악할 수 있다.

이러한 단절은 시민이 느끼는 소외감과 박탈감을 증폭시키고, 결과적으로 정책 수용성과 행정 정당성 모두를 약화시킨다. 시장은 정무적 편의를 위해 시민과의 거리두기를 선택하지만, 이는 장기적으로 리더십의 기반을 무너뜨리는 자충수가 된다.

왜 단절은 반복되는가?

시장과 언론, 시장과 시민 간의 단절은 단지 성격이나 스타일의 문제가 아니다. 다음과 같은 구조적 요인이 이러한 현상을 반복하게 만든다.

첫째, 권력 집중적 리더십 구조의 문제다. 정책 결정과 홍보, 사후 평가까지 모두 시장 중심으로 이루어진다.

둘째, 정치적 방어 심리의 문제다. 비판에 대한 지나친 두려움과 과잉 반응을 보인다.

셋째, 전문 대변 체계의 부재로 인한 문제다. 정책 브리핑, 기자 응대 등을 담당할 전문 인력 부족으로 소통이 원활하지 못하다.

넷째, 행정의 폐쇄적 문화 문제다. 공무원 조직의 정보 비공개 관행은 시장과 시민 사이의 단절을 가져온다.

이러한 구조를 개선하지 않는 이상, 시장이 바뀌어도 단절의 형태는 반복될 수밖에 없다.

신뢰 회복을 위한 실천 방안

언론과 시민은 시정의 적이 아니라 동반자이자 협력자다. 시장은 다음과 같은 방식으로 관계 회복을 시도할 수 있다.

첫째, 정보공개 원칙 강화. 부정적 내용도 포함한 행정 자료를 적극적으로 공개한다.

둘째, 언론 브리핑의 정례화. 비판을 피하지 않고, 정기적으로 주요 정책을 직접 설명한다.

셋째, 시민 질의 대응 시스템 마련. 온라인·오프라인에서 시민 질의에 응답하는 공식 창구를 운영한다.

넷째, 시정 브리핑의 시각화. 자료를 인포그래픽이나 영상 등으로 쉽게 이해할 수 있도록 제공한다.

다섯째, 비판 언론에 대한 공정한 대응. 광고 예산 배분의 공정성을 유지한다.

지방의 한 중소도시에서는 매주 '시장 주간 브리핑'을 통해 정례적으로 시정 현안을 설명하고, 브리핑 후 기자들과 자유로운 질의응답 시간을 가진다. 또한 시민이 제안한 질문도 별도로 접수해 시장이 직접 답변한다. 이 제도는 언론의 신뢰도와 시민 참여도를 동시에 높였다.

시민과의 직접 소통을 강화하는 길

시민과 단절되지 않기 위해서는 적극적인 만남과 경청의 행정이 필요하다. 그런 소통 채널로 활용할 수 있는 방안으로는 다음과 같은 것들이 가능하다. 찾아가는 동 단위 간담회 정례화, 분기별 정책토론회 개최, 온라인 설문조사 및 시민 패널단 운영, SNS 라이브 방송 활용, 불편 민원 해결 집중 주간 운영 등.

시장이 직접 시민과 마주하고, 때로는 불편한 질문에도 귀 기울이며, 시민의 제안에서 정책 아이디어를 얻는 구조가 필요하다. 그렇게 할 때만이, 시정은 비로소 시민과 함께 숨 쉬는 행정이 될 수 있다.

시정이 시민과 함께 숨 쉬는 행정이 되기 위해서
시장이 직접 시민과 마주하고,
때로는 불편한 질문에도 귀 기울이며,
시민의 제안에서 정책 아이디어를 얻는 구조가 필요하다.

17

실패한 리더십이 남긴
지역의 상처들

실패한 리더십은 정책 실패만으로 끝나지 않는다

한 사람의 시장이 도시 전체의 미래를 바꿀 수 있다. 그러나 그 반대도 마찬가지다. 잘못된 판단, 독단적인 결정, 불통의 태도, 사익을 앞세운 행정은 도시의 기회를 가로막고 시민에게 지울 수 없는 상처를 남긴다. 이 장에서는 실패한 리더십이 구체적으로 어떤 방식으로 지역사회에 피해를 주는지, 왜 그 상처가 장기화되는지를 실제 사례를 통해 살펴보고, 이를 교훈 삼아야 할 이유를 짚는다. 그리고 그러한 실패가 일회성이 아니라 행정의 기반을 흔드는 지속적인 문제로 작용함을 명확히 한다.

정책 실패는 곧 시민의 피해로 이어진다

정책이 실패하면 시장은 정치적 타격을 입지만, 그 피해는 고스란히 시민이 떠안게 된다. 특히 복지, 교통, 도시개발, 예산 정책 등에서의 실패는 일상의 불편과 세금 낭비로 직결된다.

지방의 한 도시는 10년 단위의 도시재생계획을 수립하고 수백억 원의 예산을 들여 사업을 추진했으나, 수요 예측 실패, 부지 선정 오류, 주민 의견 수렴 부족 등으로 인해 절반 이상이 표류했다. 일부 사업지는 폐허처럼 방치되었고, 주민들은 소음과 먼지에 시달리며 고통을 겪었다.

또한, 사업 일부는 민간 사업자와의 협의가 원활히 이루어지지 않아 소송으로 이어졌고, 행정은 막대한 비용과 시간을 허비했다. 시장 개인의 치적 중심 계획 수립이 객관적 타당성 검토를 무시한 결과로 이어졌고, 이후 들어선 시장은 이를 되돌리는 데 다시 막대한 비용을 들여야 했다.

갈등을 관리하지 못한 리더십의 후폭풍

정책 갈등은 어느 도시에서나 발생할 수 있지만, 그 갈등을 어떻게 조정하느냐에 따라 결과는 천차만별이다. 실패한 리더십은 갈등을 방치하거나 한쪽만 편들면서 지역 공동체를 분열시킨다.

지방의 한 도시에서는 소각장 이전 문제로 지자체 내의 두 면 지역이 격렬히 갈등했다. 시장은 명확한 중재 입장을 내지 않고 각 면의 주장만 번갈아 듣다가 결국 사업이 중단되었다. 이후 지역 간 불신이 커졌고, 주민 간 고소·고발까지 이어지며 공동체는 심각한 갈등 상태에 빠졌다.

이처럼 갈등 조정 실패는 단순한 정책 실패가 아니라, 공동체 내의 신뢰 구조를 붕괴시키는 결과로 이어진다. 행정의 중립성과 조정 능력을 상실한 도시는 공공 결정이 불가능한 상태에 빠질 위험이 있다.

사익을 앞세운 리더십은 회복할 수 없는 불신을 만든다

시장 본인이나 가족, 측근의 이익을 위한 정책 집행은 한 번의 실수로 끝나지 않는다. 그로 인해 무너진 신뢰는 다음 시장, 다음 행정조직에도 영향을 준다.

지방 한 도시의 시장은 도시개발사업 정보를 측근에게 미리 알려주어 그 측근들이 도시개발사업 예정 지구에 대거 토지를 매입했고, 이후 해당 지역은 개발지구로 지정 공고되었다. 시민단체는 강하게 반발했지만, 시장은 "문제 없다"는 말만 반복했다.

결국 검찰 수사가 시작되었고 사업은 중단되었으며 해당 지역은 수년 동안 개발 불능 상태에 빠졌다. 도시는 기회를 잃었고, 시민은 불신만을 얻게 되었다. 이런 유형의 리더십은 지역사회의 정직성과 공정성에 대한 감각까지 무디게 만든다.

인사 실패가 만든 조직의 붕괴

시장 리더십의 또 다른 실패는 부적절한 인사를 반복하거나 정치적 인사를 강행하면서 공무원 조직을 무너뜨리는 것이다. 인사가 흔들리면 행정은 불안정해지고 전문성도 퇴보한다.

충북 한 지자체의 장은 선거 캠프 인사를 정무직 보좌관으로 임명했는데, 그 인물은 업무 능력 부족으로 실무자들의 신뢰를 잃었다. 게다가 공무원 인사에도 개입하여 공무원 조직의 불만이 폭발했다.

결과적으로 부서 간 협업이 깨지고, 보고 누락 및 실무 오류가 잦아졌으며, 내부 고발과 감사가 이어졌다. 행정은 결국 사람으로 움직이는 조직이라는 사실을 간과한 리더십의 전형적인 실패였다.

언론과 시민을 배제한 행정은 왜곡된다

시정 운영에 있어 시민과 언론은 중요한 파트너다. 그러나 실패한 리더십은 언론과의 소통을 단절하고, 시민의 의견을 무시하며 비판을 적으로 간주한다. 이로 인해 정책 결정이 왜곡되고, 시민의 협력도 약화된다.

지방의 한 지자체의 장은 기자 질의를 받지 않고, 시민 질의도 SNS에서 차단했다. 이후 시민들 사이에서 "시장실은 폐쇄된 공간"이라는 인식이 퍼졌고, 시민 참여 행사는 점점 줄어들었다. 정책에 대한 설명도 충분하지 않아, 정당한 정책도 반대에 부딪히는 일이 반복되었다.

정책의 정당성은 수치나 통계보다 시민의 신뢰로부터 형성된다. 시민의 감정을 무시하고, 그 의견을 배제하는 시장은 결국 아무리 좋은 정책도 밀어붙이기식으로밖에 실행할 수 없게 된다.

실패한 리더십은 지역의 미래를 가로막는다

정책 실패, 인사 실패, 소통 실패, 갈등 방치 등, 이런 것들은 단지 시장 1인의 문제가 아니다. 그 리더십이 남긴 유산은 지역 전체의 미래를 후퇴시킨다.

사업이 중단되면 매몰비용과 신뢰 손실을 초래한다. 시민 참여율이 낮아지면 행정 피로감을 높인다. 공무원 조직이 무기력해지면 혁신과 도전이 일어나지 않는다. 외부 투자가 줄어들면 도시 경쟁력이 하락한다.

이러한 부작용은 단기간에 수습되지 않는다. 실패한 시장의 유산은 다음 행정으로까지 이어지고 도시 재도약을 위한 시간과 기회를 잃는 결과를 낳는다. 그렇기 때문에 한 명의 시장을 잘 선택하는 일이 도시의 미래를 선택하는 일과도 같다.

회복을 위한 조건: 성찰과 교훈의 제도화

실패한 리더십이 남긴 상처를 치유하기 위해서는 구체적인 제도와 실천이 필요하다. 다음 시장이 반복하지 않도록 하기 위해, 행정 시스템 전반의 점검과 개선이 이루어져야 한다.

리더십 문제로 실패한 부분이 있을 때는 이러한 성찰과 교훈을 제도화하는 것이 필요하다. 이를 위해 다음과 같은 시도를 할 수 있다.

첫째, 감사 및 백서 발간. 실패 원인을 시민에게 공유한다.

둘째, 사전영향평가 강화. 정책 추진 전 시민 의견 반영과 리스크 분석을 제도화한다.

셋째, 중립적 인사 기준 수립. 캠프 출신 인사들의 배제 규칙을 마련하여 전횡을 예방한다.

넷째, 시민 참여 확대. 시정 브리핑을 통한 소통 및 주민참여 예산제의 실효성을 확보한다.

다섯째, 성과 공유 시스템. 실패뿐 아니라 성공도 자료화해 기록하고 교훈으로 삼는다.

여섯째, 리더십 평가 시스템. 시장의 주요 결정에 대한 공개 평가 제도를 마련한다.

또한 시민 스스로도 단기 성과가 아니라 리더십의 방향성을 보는 눈을 길러야 한다. 실패한 리더십은 단지 시장의 잘못이 아니라, 때로는 시민의 선택이 낳은 결과이기도 하기 때문이다.

제5부

시장의 실전:
선거, 공약, 그리고 실현

18

지방선거 준비하기:
기획과 전략

지방선거는 '행정의 실전 시험'이다

지방선거는 단순히 선출직 공직자를 뽑는 절차가 아니다. 그것은 곧 지역 사회의 미래를 설계할 인물을 결정하는 시험대이자, 유권자와 후보 모두에게는 지역 운영 능력을 종합적으로 평가하고 증명하는 무대다. 시장과 시의원이 되고자 하는 사람에게 지방선거는 실전의 시작이다. 준비가 부족한 후보는 민심을 얻기 어렵고, 준비되지 않은 당선자는 당선 이후 시정을 이끌 수 없다.

이 장에서는 시장 또는 시의원을 꿈꾸는 이들이 선거를 준비할 때 어떤 전략과 기획이 필요한지를 다룬다. 또한 공직을 향한 준비가 어떻게 민주주의를 성숙하게 만드는지, 지방선거의 정치적 의미와 시민적 책임도 함께 짚어본다.

출마를 결심하기 전에 먼저 해야 할 질문들

지방선거에 출마하는 것은 단순한 '도전'이 아니다. 지역을 위한 비전과 정책, 그리고 시민과의 신뢰를 담보로 하는 공적 책무다. 그래서 출마 전 스스로에게 물어야 할 질문들이 있다.

- 내가 왜 출마하려는가? (동기)
- 이 지역에 어떤 변화를 만들고 싶은가? (비전)
- 나만이 할 수 있는 것이 무엇인가? (차별성)
- 나에게 부족한 점은 무엇인가? (성찰)
- 시민들과 어떻게 소통할 것인가? (전략)

이 질문들에 대해 구체적으로 답할 수 있어야 출마의 정당성을 스스로에게도, 시민에게도 증명할 수 있다. 정치적 포지션이나 정당보다는 진정한 동기와 실천 계획이 우선이다.

지역 분석: 나의 출마 지역을 제대로 파악하라

출마 지역에 대한 철저한 분석 없이 준비하는 선거는 지도 없이 떠나는 항해와 같다. 후보자는 다음과 같은 항목을 구체적으로 분석해야 한다.

- 인구 구조(연령대, 직업군, 주거 형태)
- 주요 지역 이슈(개발, 교통, 복지, 교육 등)
- 기존 선출직의 성과와 한계
- 최근 몇 차례 선거 결과와 투표 성향
- 지역 내 여론 주도층과 단체

아주 간단한 예시를 들자면, 서울의 한 구청장 선거를 준비하는 후보의 지역 분석 메모는 다음과 같이 작성할 수 있다.

- 30~40대 비율이 45% 이상, 초등학생 자녀를 둔 가구 많음
- 최근 5년간 초등학교 신설 요구 지속

- 임대아파트 주민 비중 30% 이상, 교통 민원 상시 발생
- 직전 구청장, 개발에 치중한 정책으로 재선 실패

이 사례는 지극히 단순하지만 이런 방식으로 지역 구조와 주요 흐름을 체계적으로 정리할수록, 공약과 전략의 설득력이 높아진다.

비전과 공약의 기획

비전은 선거운동의 중심축이다.

좋은 비전은 다음과 같은 조건을 갖춘다.

- 지역의 정체성과 연결된다.

- 시민이 직관적으로 이해할 수 있다.

- 정책으로 이어질 수 있다.

- 감성적이면서도 현실적이다.

예를 들면, "아이 키우기 좋은 행복 도시", "걷고 싶은 문화도시", "세대와 계층이 어울리는 균형도시" 등 비전을 중심으로 핵심 공약 3~5개를 설정해야 하며, 이때 반드시 실현 가능성과 재정 계획을 함께 준비해야 한다. 뜬구름 잡는 공약은 시민의 신뢰를 오히려 깎아먹는다.

캠프 구성과 조직 전략

후보 혼자 모든 것을 할 수는 없다. 캠프를 어떻게 꾸리느냐에 따라 선거의 성패가 갈릴 수 있다. 특히 기초단체장 선거나 기초의원 선거는 지역 밀착형 네트워크가 중요하다.

선거캠프 내 핵심적인 조직 역할은 대략 다음과 같이 구분할 수 있다.

- 기획팀: 전체 전략 및 메시지 총괄

- 홍보팀: 디자인, 인쇄물, 영상, SNS 운영 등

- 지역 조직팀: 동별, 직능별 책임자 관리

- 정책팀: 공약 개발, 질의 대응, 트론회 준비
- 법률 및 회계팀: 선거법 준수, 회계 정리

무엇보다 캠프는 신뢰와 팀워크를 기반으로 움직여야 하며, 지역의 다양한 세대와 계층이 함께 참여할 수 있는 개방형 조직으로 운영되는 것이 바람직하다.

선거운동 전략 수립: 메시지, 일정, 동선

효율적인 선거운동은 단순한 거리 유세가 아니다. 전략적으로 기획된 메시지 전달과 유권자 접촉 방식이 중요하다.

① 1단계(인지 단계): 후보의 존재 알리기(현수막, 온라인 광고)

② 2단계(관심 단계): 후보의 정책과 인물 알리기(정책 리플렛, 블로그)

③ 3단계(신뢰 단계): 지지층 결집 및 설득(소규모 간담회, 직접 대화)

④ 4단계(투표 단계): 지지층의 투표 행동 유도(사전투표 캠페인)

동선은 주민 밀집지역(역세권, 아파트 단지, 시장, 학원가 등)을 중심으로 계획해야 하며, 시간대별로 타깃 유권자를 구체화해야 한다.

예를 들면, 다음과 같은 일정을 계획할 수 있다. 오전 7~9시 – 출근하는 직장인 대상 유세, 오전 10~12시 – 관내 주요 행사 참석, 오후 2~4시 – 노년층 간담회, 저녁 7~9시 – 학부모 대상 카페 간담회 등.

디지털 선거운동의 중요성

최근 지방선거에서도 SNS, 유튜브, 문자메시지, 카카오 채널 등을 활용한 디지털 선거운동의 비중이 커지고 있다. 온라인 공간은 적은 자원으로 높은 파급력을 가질 수 있는 장점이 있다.

- 페이스북, 인스타그램: 후보의 일상과 현장 중심 스토리텔링
- 유튜브: 1분 공약 영상, 인터뷰 콘텐츠, 지역 이슈 해설

- 블로그: 세부 공약 자료, 언론 기사 정리, 캠프 활동 공개
- 문자 발송: 투표 독려, 일정 안내 등 핵심 메시지 전송

특히 MZ세대 유권자에게는 영상 중심의 메시지가 중요하며, 신뢰도 높은 콘텐츠와 빠른 소통이 관건이다.

선거법의 이해와 실천

기초단체장이나 기초의원 선거에서도 공직선거법 위반은 심각한 결과를 초래할 수 있다. 모든 활동은 법을 지키는 범위 안에서 정당하게 진행되어야 한다.

- 기부행위 금지: 선거기간 전후를 막론하고 금품 제공은 불법
- 사전 선거운동 제한: 예비후보 등록 전에는 특정 활동 금지됨
- 문자·전화 활용 시 발신자 표시 의무
- 유세 시 확성기 시간 제한(오전 6시~밤 10시)

선거운동의 자유를 누리되, 그 자유가 공정성의 침해로 변질되지 않도록 세심한 주의가 필요하다.

당선 이후를 준비하는 선거

선거는 당선 그 자체가 목적이 아니다. 진정한 승리는 당선 이후 지역을 위해 일하는 것이다. 따라서 선거 준비 단계에서부터 다음을 염두에 두어야 한다. 특히 시장은 다음과 같은 사항을 생각해야 한다.

- 인수위원회 준비: 당선 직후 바로 정책 이행을 시작할 수 있도록 계획 수립
- 공무원 조직과의 신뢰 형성 전략: 적대적 관계보다 협업 기반 마련
- 100일 실행계획 수립: 선거공약 중 단기 과제를 선별해 이행 로드맵 수립

- 소통 채널 정비: 선거 때에 활용한 처널을 '시장(의원)의 소통창'으로
  전환

선거는 시작일 뿐이다. 준비된 후보는 당선 이후를 함께 설계한다.

19

좋은 공약이란
무엇인가

공약은 약속이자 계약이다

공약(公約)은 단순한 구호가 아니다. 그것은 후보자가 유권자에게 제시하는 정치적 계약서다. 특히 지방선거에서는 정책이 추상적이고 실현 가능성이 떨어질수록 시민들의 냉소만 키운다. 반면, 현실적이고 구체적인 공약은 시민의 삶에 직접적인 영향을 주는 실질적 약속이 된다.

지방자치의 성패는 곧 정책의 성패이며, 그 출발점은 바로 공약에서 시작된다. 유권자 입장에서는 누가 어떤 공약을 내놓았는지를 기준으로 후보자를 비교하고 판단할 수 있으며, 후보자 입장에서는 자신의 정치 철학과 실천 의지를 가장 잘 표현할 수 있는 수단이 된다.

이 장에서는 좋은 공약이 갖춰야 할 조건, 기획 방식, 설득 전략, 실패하는 공약의 공통점, 그리고 실제 사례를 중심으로 지방선거에서 유권자와 신뢰를 연결하는 공약의 원칙과 기술을 살펴본다.

좋은 공약의 조건

좋은 공약이란 '이행 가능한 계획'이다. 멋있어 보이는 말보다, 실제로 실행 가능한 정책이 시민의 마음을 얻는다. 다음의 다섯 가지 요소를 갖추었을 때 공약은 설득력과 지속 가능성을 갖는다.

① 구체성(Specific): 추상적 개념이 아닌, 수치와 계획이 있는 제안

② 실현 가능성(Feasibility): 예산, 법률, 권한 내에서 실행 가능한가?

③ 시급성(Urgency): 시민이 체감하는 우선 과제인가?

④ 형평성(Fairness): 특정 계층에만 유리하지 않은가?

⑤ 가시성(Visibility): 시민이 결과를 쉽게 인식할 수 있는가?

이 다섯 가지 기준은 공약을 점검하고 보완하는 나침반이 되어야 한다. 특히 지방정부의 권한 범위 내에서 실현 가능한 정책인지 여부는 반드시 확인해야 한다. 중앙정부 권한 사항을 공약으로 내세우는 것은 '거짓 약속'과 다름없다.

나쁜 공약의 위험성

공약이 잘못 설계되면 선거에는 도움이 될지 몰라도, 이후 행정에는 독이 된다. 다음은 흔히 반복되는 나쁜 공약의 전형적인 유형이다.

- 과장형: 예산이나 인력 대비 터무니없이 큰 목표 설정(예: 1년 내 전체 도로 전면 재포장)

- 추상형: '복지 확대', '문화도시 조성' 등 실체 없는 표현 반복

- 선심형: 교통비 무상, 공공요금 지원, 시민 1인당 100만 원 지역화폐 제공 등 포퓰리즘적 접근

- 중복형: 이미 진행 중인 정책을 마치 새롭게 제안하는 경우

- 특혜형: 특정 단체나 이해집단의 요구를 반영한 편파적 공약

나쁜 공약은 단지 무능이 아니라, 시민에 대한 기만과 무책임의 상징

이 될 수 있다. 당선 이후에는 이를 실현하지 못해 민심 이탈과 행정 신뢰 하락으로 이어지며, 장기적으로는 정치적 퇴출로까지 이어질 수 있다.

공약은 어떻게 만들어지는가?

효과적인 공약은 혼자서 책상 앞에서 만드는 것이 아니다. 지역사회와의 상호작용, 데이터 분석, 전문가 자문, 시민 의견 수렴 등을 통해 기획되어야 한다.

공약은 다음과 같은 단계로 개발할 수 있다.

① 지역 진단: 인구 구조, 생활환경, 민원 유형, 정책 이행 실적 분석

② 의제 발굴: 주민 의견 수렴, 간담회, 지역단체 제안 접수 등

③ 정책 설계: 실현 가능성을 따져 정책으로 구체화(예산 추정, 시행 시기 포함)

④ 전문가 검토: 도시계획, 복지, 교통, 예산 등 분야별 전문가 피드백

⑤ 메시지화: 이해하기 쉬운 언어와 시각자료로 전달력 강화

성공적인 공약 기획은 곧 선거 이후 정책 집행의 발판이 되며, 후보자의 신뢰도를 높인다. 특히 현장 간담회를 통한 체감 민원 수렴은 유권자에게 직접적 신뢰를 구축하는 계기가 된다.

핵심 공약과 보조 공약의 전략적 구성

모든 공약이 동일한 무게를 지니는 것은 아니다. 후보자는 핵심 공약(key pledges)과 보조 공약(supporting pledges)을 구분해 전달 전략을 달리해야 한다.

- 핵심 공약: 3~5개, 후보의 비전과 직결된 주요 공약으로 집중 홍보

- 보조 공약: 생활 밀착형 공약, 직능·지역별 세부 공약

예를 들면, '청년자립도시'라는 비전 아래 핵심 공약으로는 '청년 임대

주택 500호 공급, 청년 창업지원센터 설립', 보조 공약으로는 '청년 월세 지원, 대학생 교통비 할인, 청년 문화활동 공간 확보'를 세울 수 있다.

전략적 구분은 메시지 집중과 유권자별 맞춤 설명을 가능하게 하며, 공약 우선순위를 시민과 공유하는 명확한 기준점이 된다.

시민과 함께 만든 공약이 지속된다

공약이 지속 가능하려면 시민의 공감과 참여가 전제되어야 한다. 최근에는 '시민 공약 만들기 워크숍', '온라인 설문 기반 공약 설계' 등 다양한 방식으로 시민 의견을 수렴하고 반영하는 흐름이 강해지고 있다.

한 지자체에서는 '주민 제안 공약 플랫폼'을 통해 3개월간 시민 1,200여 명의 제안을 접수하고, 이 중 50개 안건을 후보자 공약에 반영했다. 이 중 12건은 실제 임기 중 정책으로 이행되었다.

이러한 구조는 선거 전부터 협치와 참여의 기반을 다지는 데 효과적이며, 당선 후 시정 추진에도 긍정적인 영향을 미친다. 또한 시민이 공약의 주체로서 책임감을 갖고 행정에 참여하는 기반이 된다.

공약을 설명하는 기술: 언어, 시각화, 이야기

좋은 공약도 설명 방식이 미흡하면 전달되지 않는다. 다음과 같은 요소들이 중요하다. 공약을 설명하는 기술로는 다음과 같은 것들이 중요하다.

첫째, 간결하고 직관적인 언어. 어려운 행정 용어보다 쉬운 생활 언어로 해야 한다.

둘째, 시각 자료 활용. 표, 도표, 인포그래픽, 영상 등으로 핵심 요점 정리를 할 필요가 있다.

셋째, 스토리텔링. 공약이 해결하려는 '문제 상황'과 '시민 이야기'를 함께 담아야 한다.

예를 들어, "어르신의 병원 가는 길이 너무 멀어요"라는 문제 상황에 대해 "읍면동별 1개소 이상 건강버스 운영"과 같이 단순하면서도 명료하게 공약을 제시할 수 있다.

또한 같은 공약도 유권자 대상에 따라 다른 언어로 해석되고 설명되어야 한다. 정책의 언어를 주민의 일상 언어로 번역해 주는 것이 후보자의 설명 능력이다.

당선 후, 공약의 운명은?

공약은 선거가 끝나면 폐기되는 문서가 아니라, 시민과의 약속으로 지속 관리되어야 할 과제다. 당선자는 공약을 계약서처럼 다뤄야 하며 이행 여부에 대한 평가를 받을 준비가 되어 있어야 한다.

다음과 같은 사후 관리 체계가 중요하다.

- 공약이행 평가단 구성: 시민·전문가로 구성된 독립기구가 정기적으로 이행 상황 평가
- 온라인 공약 이행 현황판 운영: 공약별 추진 현황과 단계 공개
- 이행 곤란 시 설명 의무화: 불가피하게 지연되거나 수정될 경우, 시민에게 충분히 설명
- 연차별 공약 이행보고서 발간: 매년 1회 이상 공약 추진 결과 발표

이러한 시스템이 갖춰져야 비로소 선거 공약이 행정과 정책의 출발점이 된다. 이는 단순히 책임의 문제가 아니라, 신뢰를 축적하는 정치문화의 핵심 요소다.

좋은 공약은 사람을 움직인다

결국 좋은 공약은 시민을 감동시키고 동참하게 만드는 힘을 가진다. 그것은 단지 정책적 타당성을 넘어 시민의 삶에 대한 깊은 이해와 공감에

서 비롯된다.

좋은 공약은 다음의 조건을 충족할 때 비로소 완성된다.

시민이 공감하고, 실행이 가능하며, 일상에 변화를 주고, 행정조직이 동의할 수 있으며, 다음 세대에도 의미 있는 유산으로 남는다.

정책이란 결국 사람의 삶을 바꾸기 위한 것이며, 공약은 그 시작점이다. 숫자와 문장이 아닌 사람의 언어로 만들어진 공약이야말로 지역 정치를 바꾸는 진정한 열쇠다.

20

선거운동에서
주의할 점들

선거운동, 전략보다 중요한 것은 '준법과 신뢰'

선거운동은 후보자의 가치와 정책을 시민에게 알리는 과정이다. 하지만 이 과정에서 법과 윤리를 어기거나 무리하게 접근한다면, 오히려 신뢰를 잃고 당선 이후의 시정 운영까지 악영향을 줄 수 있다. 지방선거는 특히 지역 내 밀착된 인간관계와 생활환경을 배경으로 하기 때문에, 작은 실수도 오래 기억되고 회복이 어려울 수 있다.

이 장에서는 선거운동 과정에서 자주 발생하는 실수, 선거법상 유의사항, 시민과의 관계를 무너뜨리지 않기 위한 소통 원칙, 그리고 지역 정치의 품격을 지키는 자세에 대해 구체적으로 다룬다.

공직선거법의 핵심 이해

대한민국의 공직선거법은 매우 엄격하게 구성되어 있으며, 기초자치단체장과 지방의원 후보자도 예외 없이 모든 법적 제한을 지켜야 한다.

다음은 반드시 알아야 할 핵심 규정이다. 주요 금지 사항은 다음과 같다.

- 기부행위 금지: 선거운동 전후를 불문하고 금품, 음식물, 물품 제공 금지
- 사전선거운동 금지: 예비후보 등록 이전에는 특정 지지를 유도하는 행위 금지
- 허위사실공표 금지: 사실을 왜곡하거나 허위 정보 유포 시 형사처벌 대상
- 비방 및 흑색선전 금지: 상대 후보에 대한 인신공격, 근거 없는 비난 금지
- 불법 여론조사 활용 금지: 미신고 여론조사 결과 유포, 조작된 수치 사용 금지

이 외에도 현수막 게시, 문자 발송, 차량 유세, 전화 홍보 등 모든 활동에는 정해진 시간, 횟수, 형식이 있다. 단 한 번의 위반도 형사처벌과 당선 무효 사유가 될 수 있음을 명심해야 한다.

선거운동 중 자주 발생하는 실수들

실제 선거 현장에서는 선의로 한 행동이 오히려 법 위반이나 논란의 소지가 되는 경우가 많다. 다음은 실제 발생 빈도가 높은 실수 유형들이다.

첫째, 명함 돌리기 중에 주민들에게 커피 제공. 기부행위로 간주될 수 있다.

둘째, 카카오톡 단체방에서 특정 후보 지지글 공유. 사전선거운동에 해당될 가능성이 있다.

셋째, 지역 경로당 방문 시 간식 제공. 노인표 겨냥한 기부행위로 해석될 수 있다.

넷째, 자원봉사자에게 교통비 지급. 정해진 범위 초과 시 불법이 될 수

있다.

다섯째, SNS에 허위 정보 공유. 명백한 허위사실 유포로 공직선거법 위반 행위가 될 수 있다.

이러한 행위는 대부분 후보자나 캠프의 무지 혹은 착각에서 비롯된다. 그래서 사전 교육과 철저한 매뉴얼 작성이 필수적이다.

감정적인 대응은 치명적인 결과를 낳는다

선거운동은 때로는 심리전이다. 비판, 악성 루머, 허위 주장, 자극적인 SNS 게시물 등으로 후보를 흔들려는 시도는 자주 일어난다. 이때 감정적으로 대응하면 오히려 자신에게 불리한 결과를 초래할 수 있다.

예를 들어 상대 후보의 비방에 분노해 SNS에서 맞대응하거나 언론 인터뷰에서 격한 표현을 사용하면, 논란은 증폭되고 이미지에 타격을 입을 수 있다. 특히 지방선거는 '정치적 성향'보다 '인간적 신뢰'가 더 중요한 변수이므로, 품위 유지가 곧 경쟁력이다.

캠프 조직 내 소통 문제도 주의 대상

캠프 내부의 실수도 흔한 사고 원인이다. 예를 들어 자원봉사자가 후보 동의 없이 홍보물을 배포하거나, 중간 간부가 특정 지역 인사에게 과도한 약속을 했을 경우, 그 후폭풍은 후보가 떠안게 된다.

따라서 캠프 내에서는 다음과 같은 기본 원칙을 지켜야 한다.

첫째, 모든 메시지는 기획팀에서 총괄해 관리한다.

둘째, 지역 방문 일정과 발언은 사전 브리핑을 통해 정리한다.

셋째, 캠프 구성원 전원에게 공직선거법 요약본을 숙지시킨다.

넷째, SNS 운영 가이드라인을 마련하고 자율 게시를 제한한다.

내부 혼선은 외부보다 더 위험한 불씨임을 기억해야 한다.

시민을 설득하는 방식에도 전략이 필요하다

단순히 많이 돌고, 많이 말한다고 해서 표가 생기지 않는다. 시민은 '내용'과 '진정성'을 본다. 다음은 효과적인 설득을 위한 기본 원칙이다.

첫째, 경청의 자세. 말을 잘하는 것보다, 시민의 말을 잘 듣는 것이 중요하다.

둘째, 일상 언어 사용. 공약은 쉬운 말로, 이해하기 쉬운 예로 설명해야 한다.

셋째, 과장 없는 표현. 실현 가능하지 않은 약속은 신뢰를 깬다.

넷째, 시민의 불만에 공감. 반박보다는 공감으로 시작해 소통하는 것이 바람직하다.

지방선거는 일상적인 만남의 정치다. 시민들은 후보가 '우리 동네 사람'으로서 이야기를 나누는지, 아니면 '정치인'으로서 설명만 하는지 금세 구분한다.

미디어와의 관계 설정

선거운동 중 언론과의 관계도 중요하다. 지역 언론, 인터넷 매체, 유튜브 채널 등 다양한 미디어가 후보자에 대한 이미지를 결정짓는다. 미디어와 관계에서 다음과 같은 사항을 유의해야 한다.

첫째, 인터뷰는 항상 핵심 메시지를 정리하고 임한다.

둘째, 비판 기사는 즉시 대응보다 '사실 확인 후 반응' 원칙을 지킨다.

셋째, 언론과의 충돌은 최소화하고, 비판 언론에도 공정하게 대응한다.

넷째, 언론과의 관계를 통해서 공약 설명, 후보 철학, 정책 비전을 드러낸다.

선거 후에도 남는 것은 기록이며, 그 기록의 상당 부분이 언론의 기사다. 감정이 아닌 전략으로 언론을 대해야 한다.

SNS와 온라인 커뮤니티 활용 시 주의점

디지털 선거운동은 이제 선택이 아니라 필수다. 그러나 온라인 공간은 빠른 확산력만큼 오해와 논란도 빠르게 증폭된다. SNS와 온라인 커뮤니티 활용시에는 다음과 같은 사항에 주의해야 한다.

첫째, 공식 계정과 개인 계정을 구분한다.

둘째, '좋아요', 공유, 댓글조차 법 위반 소지가 될 수 있으므로 가이드라인을 준수한다.

셋째, 특정 후보 비방이나 허위 정보 링크 공유는 절대 금지다.

넷째, 온라인 설문, 투표 게시도 공직선거법 위반 가능성이 있으므로 조심해야 한다.

SNS는 '정보 전달의 도구'이지 '논쟁의 장'이 아니다. 감정적 대응, 댓글 전쟁은 득표로 이어지지 않고 오히려 지지율을 깎아먹는다.

선거운동은 곧 행정의 예고편

시민은 선거운동을 통해 후보의 성격, 품격, 판단력을 본다. 후보가 어떤 방식으로 사람을 대하고, 비판을 수용하고, 문제를 해결하려 하는지를 통해, 앞으로 4년간의 시정을 미리 상상한다. 따라서 선거운동도 시민들에게 좋게 보여야 한다.

이를 위해 말, 태도, 약속을 조심해야 한다. 말의 품격은 리더십의 품격이다. 태도의 진정성은 시정 운영의 기초다. 약속을 대하는 자세는 책임성을 보여준다.

후보자는 자신이 하는 모든 말과 행동이, 단지 한 표를 위한 것이 아니라 미래의 행정을 위한 신뢰의 기반이라는 사실을 잊지 말아야 한다.

시민은 선거운동을 통해
후보의 성격, 품격, 판단력을 본다.
따라서 선거운동도 시민들에게 좋게 보여야 한다.
후보자는 자신이 하는 모든 말과 행동이
미래의 행정을 위한 신뢰 기반이라는 사실을 잊지 말아야 한다.

21

당선 이후
100일의 실천 전략

당선은 끝이 아니라 시작이다

지방선거에서의 승리는 새로운 책임의 시작이다. 당선의 기쁨이 채 가시기도 전에, 새로운 시장은 즉각 행정의 리더로서 현실과 마주하게 된다. 선거운동 기간 동안 제시했던 공약, 시민과 나눈 약속, 그리고 행정 조직의 운영과 조율, 이 모든 것들이 취임 첫 날부터 실행되어야 한다. 100일 실천 전략은 시장의 경우에 특히 중요하다. 시의원의 경우에도 시장처럼 큰 비중을 차지하지는 않지만 100일 실천 전략을 구상하고 준비하면 유익하다.

특히 취임 후 첫 100일은 향후 4년을 좌우할 수 있는 행정 신뢰 구축의 골든타임이다. 이 시기에 무엇을 어떻게 추진하느냐에 따라 향후 리더십의 안정성, 시민 신뢰, 조직 내 동력 확보 등이 결정된다. 이 장에서는 지방선거 당선자가 취임 후 100일 동안 어떤 전략으로 행정에 임해야 하는지를 구체적으로 제시한다.

인수인계는 '기술'이 아니라 '태도'다

기초지방자치단체장이 별도의 공식 인수위 기간을 거치지 않는 경우가 많다. 그런데 시장 당선 후 취임 전에 인수위원회를 구성하여 시장직 인수 준비를 하는 것도 법적으로 가능하게 되어 있다. 인수위원회를 구성하여 인수 준비를 하든 아니면 비공식적 인수 과정으로 진행하든 당선 직후부터 인수 작업은 사실상 시작된다.

효율적인 인수는 다음의 세 가지 쾌도를 기반으로 해야 한다.

첫째, 존중. 전임 시장과의 차이를 인정하되, 무조건적인 부정은 피한다.

둘째, 경청. 실무 부서의 보고에 대해 판단보다 먼저 충분히 듣는다.

셋째, 기록. 각 부서가 공유한 자료를 분석하여 핵심 이슈와 맥락을 파악한다.

이와 함께 "선거 캠프 중심 사고"에서 "행정 중심 운영"으로의 전환이 중요하다. 인수 시점에 특정 인물 중심의 결정 구조가 지속되면 행정 공백이나 갈등의 원인이 될 수 있다.

취임식은 철학과 비전을 보여주는 장이다

시장의 취임식은 단순한 환영 행사가 아니다. 그것은 곧 새로운 행정 철학의 개시를 시민에게 선포하는 상징적 장면이다. 따라서 의전이나 형식보다, 다음과 같은 방향성이 중요하다.

첫째, 취임사를 통해 구체적인 방향을 제시해야 한다. 공감, 실용, 협치 등 키워드 설정이 중요하다.

둘째, 지역의 다양한 계층을 초대하는 것이 좋다. 청년, 장애인, 소상공인 등 여러 집단을 대표하는 주민들이 참여하도록 하는 것이 바람직하다.

셋째, 허례허식 없는 행사로 시민과의 거리를 좁히는 것이 좋다.

특히 선거기간 동안 발생했던 갈등이 있었다면, 화해와 통합의 메시지를 담는 것이 중요하다. 행정은 어느 진영의 것이 아니라 '모든 시민의 것'임을 분명히 해야 한다.

첫 조직 인사: '측근 배제'가 신뢰의 출발이다

시장 취임 직후 단행되는 첫 번째 인사는 조직 분위기를 좌우하는 결정적 시그널이다. 보은 인사나 선거 캠프 출신 위주의 임명은 공무원 사회에 실망과 냉소를 초래하며, 시민 사회의 불신까지 확대될 수 있다.

따라서 다음과 같은 원칙이 필요하다. 1차 인사는 전문성과 경력 중심으로 하고, 적어도 핵심 보직은 내부 평가 기준을 반영하며, 캠프 출신 인사는 외곽 자문 조직에 배치하도록 하고, 인사 내용을 공개하고 그 배경을 설명하는 것이 바람직하다.

공정한 인사는 조직 충성도를 높이고, 행정 추진력을 확보하는 지름길이다. 첫 인사가 곧 시장의 윤리 기준임을 잊지 말아야 한다.

공약 이행을 위한 100일 로드맵 수립

당선자가 선거 기간 동안 제시했던 공약들은 이제 행정 계획으로 바뀌어야 한다. 취임 후 100일은 그 전환을 위한 핵심 구간이다. 다음과 같은 로드맵 수립이 필요하다.

첫째, 후보자 때 제시했던 공약을 단기/중기/장기 과제로 분류하고 실천계획을 구체적으로 수립해야 한다.

둘째, 100일 안에 '착수 가능한 과제'를 10개 이상 선정하여 최대한 가시적 성과를 낼 수 있도록 계획한다.

셋째, 공약 이행 계획서를 다듬어 시민에게 공개한다.

넷째, 예산 반영이 필요한 공약은 의회 협조 계획을 포함하여 작성한다.

공약 추진은 과장된 홍보보다 착실한 시작이 더 중요하다. 작은 사업이라도 조기에 가시적 성과를 보여준다면 시민의 기대감과 신뢰는 자연스럽게 상승한다.

시민과의 소통 루트 정비

선거운동 기간 동안 사용했던 홍보 채널이나 시민 소통 방식은 취임 이후에 새로운 소통 창구로 진화해야 한다. 선거용 SNS와 행정용 SNS는 명확히 구분되고, 소통은 일방향이 아닌 양방향이 되어야 한다.

시민과의 소통을 위해 다음과 같은 채널을 운영할 수 있다.

첫째, '시장에게 묻는다' 온라인 창구 운영, 둘째, 월 1회 정례 시민 대화 또는 타운홀 미팅, 셋째, 시민 청원 게시판 운영, 넷째, 정책 수립 초기 단계부터 시민 의견 수렴 구조 마련 등과 같은 조치가 필요하다.

시민은 더 이상 단순히 '행정의 수혜자'가 아니라 '정책의 공동 기획자'라는 인식 전환이 필요하다. 소통은 정책의 사전 절차이자, 갈등 예방의 첫 단추다.

의회와의 첫 만남: 협치의 출발점

시장으로서 의회를 마주하는 첫 자세는 향후 협력과 갈등의 방향을 가늠하게 한다. 다음은 첫 의회 연설 또는 상견례에서 고려할 점이다.

첫째, 비난보다는 감사와 협력을 요청하는 언어를 사용한다.

둘째, 선거 과정에서 있었던 갈등이나 입장 차이를 먼저 해소하는 노력이 필요하다.

셋째, 향후 정례회의 일정을 존중하며 집행부가 잘 준비하겠다는 자세를 전달해야 한다.

넷째, 공약 실현을 위한 의회의 역할 요청 시 실질적 자료를 제시해 주어야 한다.

의회를 '견제자'가 아닌 '공동 책임자'로 인식할 때에 협치는 가능해진다. 정당을 떠나 정책 중심의 신뢰 관계를 형성하는 것이 첫 100일의 주요 과제다.

행정조직의 역량 진단과 개편

조직 개편은 행정의 효율성뿐만 아니라 정책 추진의 구조를 바꾸는 일이다. 따라서 다음과 같은 과정을 거쳐야 한다.

첫째, 기존 조직의 성과와 병목을 분석해야 한다(업무평가).

둘째, 유사 기능 부서의 통합 또는 분리를 검토해야 한다.

셋째, 신설 부서 또는 TF 구성 시, 타 지자체 벤치마킹 자료를 확보할 필요가 있다.

넷째, 시민 접점 부서(복지, 민원, 환경 등)의 기능을 강화할 수 있는 방안을 검토한다.

100일 안에 조직 개편안을 마련하고, 연말 또는 다음 회계연도부터 적용하는 방식이 일반적이다. 성급한 개편은 혼란을 부르고, 지나치게 미루면 동력을 잃는다. 시기와 방향을 동시에 잡는 전략이 필요하다.

내부 공무원과의 신뢰 회복

선거 기간 동안 후보자와 공무원 간의 간접 갈등이 있었던 경우, 취임 후 빠르게 내부 신뢰 회복이 필요하다.

첫째, 전 직원을 대상으로 '공직자 청렴 선언'과 함께 시장의 철학을 공유하는 시도를 한다.

둘째, 실과별 간담회 및 내부 보고회를 순회 실시하며 소통한다.

셋째, 익명 제안 제도를 도입하고 피드백을 약속한다.

넷째, 장기근속자 또는 숨은 공무원 포상 제도를 도입한다.

공직자와의 신뢰가 시민과의 신뢰보다 먼저 형성되어야, 정책의 현실적 추진이 가능하다. 내부의 에너지가 살아 있어야 외부로 행정의 추진력이 확산된다.

시의원의 역할과 필요 역량

22

시의원의 자격과
시의원이 되는 방법

시의원은 시민과 행정의 다리다

시의원은 지방자치단체의 입법부를 구성하는 중요한 공직이다. 이들은 조례를 제정하고 예산을 심의하며, 집행기관을 감시하고 시민의 목소리를 대변하는 역할을 수행한다. 시장이 도시의 방향을 결정하는 조타수라면, 시의원은 그 항로를 감시하고 수정하는 항법사이자, 시민과의 접점을 유지하는 정치적 중개자다.

지방자치의 근간이 제대로 작동하려면 집행부(시장)뿐만 아니라 의결부(시의회) 역시 책임 있는 시민 대표로 구성되어야 한다. 이 장에서는 시의원이 되기 위해 갖춰야 할 법적 자격, 출마 절차, 선거 준비 과정, 그리고 성공적인 입후보를 위한 전략 등을 상세히 다룬다.

시의원의 법적 자격요건

시의원이 되기 위해서는 「공직선거법」과 「지방자치법」이 정한 몇 가지

법적 조건을 충족해야 한다.

▶ 기본 자격

- 만 25세 이상의 대한민국 국민

- 해당 선거구 내에 선거일 현재 60일 이전부터 주민등록이 되어 있는 자

▶ 피선거권 결격 사유

- 금고 이상의 형을 받고 형이 실효되지 않은 자

- 공직선거법 또는 정치자금법 위반으로 벌금 100만 원 이상을 선고받고 5년이 지나지 않은 자

- 선거운동 위법행위로 인해 피선거권 제한 중인 자

피선거권은 단순히 형식상의 조건이 아니라, 공직자의 도덕성과 책임성을 판단하는 기준이 되기도 한다. 실제르 도덕성 검증에 실패한 후보는 지역 언론과 시민사회의 거센 검증 대상이 되며, 이는 곧 낙선으로 이어지기도 한다.

출마를 위한 절차와 준비

시의원 선거에 출마를 하기 위해서는 다음과 같은 절차를 차례로 밟아야 한다.

① 예비후보자 등록

- 선거일 전 일정 기간(시·도의원 90일 전, 군의원 60일 전)부터 예비후보자 등록 가능

- 등록 후에는 공식적으로 명함 배포, 선거사무소 설치, 정책홍보물 발송 가능

② 정당 공천 또는 무소속 출마

- 대부분의 시의원 선거는 정당 공천제로 치러지며, 각 정당의 공천 기준은 별도로 존재

　－무소속 출마도 가능하나, 정당 기반의 조직력과 자금력 없이는 상당
　한 어려움이 따름

③ 후보자 등록

－선거일 약 20일 전 후보자 등록

－등록 시 주민등록등본, 재산 신고서, 병역·납세·전과 이력 등 제출

출마 전에는 법적 요건을 갖추는 것 외에도 본인의 공약과 정체성, 지역 기반을 정리하는 작업이 필수적이다. 단순히 '당선'이 목표가 아니라면, 자신이 어떤 의정 활동을 할 수 있는지 명확히 비전을 그려야 한다.

지역 기반과 정치적 명분 쌓기

시의원은 소지역 정치를 대표하는 인물이다. 따라서 지역 내 인지도, 신뢰, 명분이 가장 중요하게 작용한다. 이는 다음의 활동들을 통해 준비된다.

첫째, 주민자치회, 이통장협의회, 생활협동조합, 학부모회 등 지역 참여 경험

둘째, 시민단체, 청년단체, 환경단체, 복지단체 등에서의 실무 활동 이력

셋째, 지역 문제 해결을 위한 캠페인, 진정서 제출, 공청회 기획 등의 적극적 행보

넷째, SNS나 블로그 등을 통한 정책적 소통 경험

이러한 활동은 향후 선거운동에서 "나는 이 지역에서 어떤 사람인가?"라는 질문에 대한 답이 되며, 공약의 설득력과 후보자의 진정성을 높여주는 기반이 된다.

시의원 선거운동의 특징

시의원 선거는 시장 선거보다 훨씬 더 밀착형, 관계 중심적, 세밀한 선

거다. 다음과 같은 특성이 있다.

첫째, 선거구가 작기 때문에 대규모 유세보다는 개별 접촉과 소규모 대화가 중요하다.

둘째, 유권자 중 많은 수가 후보자와 혈연, 지연, 학연 등으로 가까운 관계로 얽혀 있다.

셋째, 정책보다 인간적 이미지, 성실성, 주민 응대 태도 등 인상 기반 평가 비중이 크다.

그러므로 시의원 후보는 지나치게 정치적이거나 형식적인 태도보다 생활 속 소통과 실용적 이미지를 중심으로 선거를 기획해야 한다. 길거리 인사, 골목 방문, 상점 간담회, 경로당 인사 등이 유효한 전략이다.

시의원이 되기 위해 필요한 자질

법적 자격과 출마 절차 외에도 시의원에게는 정치적 역량과 인간적 품격이 요구된다. 다음은 좋은 시의원에게 기대되는 주요 자질들이다.

첫째, 지역 현안에 대한 이해. 예산·교통·복지·환경 등 지역 문제에 대한 기초적 식견이 필요하다.

둘째, 조례 입안 능력. 입법 과정에 대한 이해, 조례 초안 구성 역량이 필요하다.

셋째, 감시자로서의 정직성. 시정 견제에 있어 정치적 타협보다 원칙을 중시하는 자세가 필요하다.

넷째, 시민 소통 능력. 말 잘하는 것보다 듣고 정리하고 대응하는 능력이 필요하다.

다섯째, 윤리적 태도. 사적 민원 개입, 특혜 요구와 선을 긋는 도덕성이 필요하다.

이러한 자질은 단기간에 만들어지지 않는다. 사전에 지역 활동과 행정 경험, 공공정책에 대한 자기 학습이 꾸준히 이루어져야 한다.

당선을 위한 전략적 접근

당선을 위한 전략은 단순한 선거운동이 아니라, 자기 정체성 정립과 지역 관계망의 활용, 메시지 설정이 결합된 포괄적 계획이다.

핵심 전략 포인트로는 다음과 같은 사항들이 있다.

첫째, 내가 누구인가를 분명히 정의하라. 지역 내 어떤 가치를 대표하는 인물인지 포지셔닝을 명확히 해야 한다.

둘째, 선택과 집중이 필요하다. 전체 유권자보다 핵심 지지층을 설정하고 공략해야 한다.

셋째, 사람 중심 캠페인을 펼쳐야 한다. 자원봉사자, 지지자, 지인들의 입소문이 핵심적인 역할을 한다.

넷째, 작은 약속, 확실한 실행이 필요하다. 크고 추상적인 공약보다 실현 가능한 공약 3~5개에 집중하는 것이 좋다.

다섯째, 민감한 이슈 피하기보다 정리하기가 필요하다. 갈등 사안을 정확히 인식하고 솔직하게 설명하고 해결해 나가는 용기가 필요하다.

시의원 선거는 상대적으로 자금과 조직이 적은 조건에서도 승리를 할 수 있는 유일한 선거라는 점에서, 성실한 준비와 타당한 전략이 무엇보다 중요하다.

시의원이 되려는 사람에게 주는 조언

끝으로, 시의원을 꿈꾸는 사람에게 꼭 하고 싶은 조언은 다음과 같다.

첫째, 출마는 명예가 아니라 책임이다. 의원직은 권위의 자리가 아니라 책임의 자리다.

둘째, 정치는 싸움이 아니라 협상이다. 논리와 설득, 경청과 타협이 더 큰 무기다.

셋째, 한 명의 시민이 곧 한 명의 주권자다. 유권자를 숫자가 아닌 존재로 대하라.

넷째, 정치는 경험보다 철학이다. 작은 경험이라도 일관된 철학과 가치가 중요하다.

다섯째, 실패해도 의미가 남는 출마를 하라. 당선이 전부가 아니라, 지역에 메시지를 남기는 출마가 더 값질 수 있다.

시의원은 행정의 보조자가 아니라, 시민의 권리를 구체화하는 민주주의의 최전선에 서 있는 사람이다. 그 자리를 준비하는 모든 사람에게, 깊은 존경과 응원을 보낸다.

23

예산 감시자,
정책 입안자로서의 시의원

지방의회의 실질적 권한은 '예산과 조례'에 있다

지방자치에서 시의원의 권한은 단순히 회의 참석이나 민원 전달을 넘어서야 한다. 시의원은 법적으로 조례를 제정·개정·폐지할 수 있는 입법권자이며, 예산안과 결산을 심의하고 승인할 수 있는 재정 감시자다. 시장과 집행부가 시정을 실행한다면, 시의회는 그 과정을 감시하고 견제하며 때로는 대안을 제시하는 역할을 맡는다.

특히 예산과 정책은 시민의 삶을 구체적으로 변화시키는 수단이다. 따라서 시의원이 이 기능을 제대로 수행하지 못하면, 지방정부는 독단과 비효율에 빠지고, 시민은 불합리한 세금 집행의 피해자가 될 수 있다.

이 장에서는 시의원이 예산을 어떻게 감시하고, 정책을 어떻게 제안하며 입안할 수 있는지에 대해 실무 중심으로 깊이 있게 다룬다.

예산 심의권의 의미와 범위

예산은 시 정부가 1년 동안 어떤 정책을 얼마나 강하게 추진할지를 결정하는 청사진이다. 시의회는 다음과 같은 기능을 통해 예산을 견제하거나 방향을 수정할 수 있다.

▶ 예산 심의의 주요 기능

- 예산안 승인: 시장이 제출한 예산안을 수정하거나 삭감 가능

- 결산 승인: 전년도 예산 집행 내역을 검토하고 평가

- 추경 예산 심의: 중간에 편성된 추가경정예산에 대한 통제권 행사

- 예산 낭비 방지 및 편중 방지: 지역 편향, 불필요한 행사성 예산 등을 제거

예산안은 한 해 시정 운영의 방촌이자, 시의 전략과 우선순위를 반영한 문서이므로 시의원은 그 내용을 반드시 정책적 관점과 시민 삶의 기준에서 검토해야 한다.

예산안 분석 실무: 시의원이 꼭 알아야 할 기술

예산안을 심의하기 위해서는 단순한 금액의 많고 적음을 보는 것이 아니라 예산의 구조, 흐름, 정책 연계성 등을 종합적으로 해석할 수 있어야 한다.

▶ 예산서 구조 이해

- 세입예산: 시가 어떤 방식으로 수입을 확보하는지(지방세, 국고보조금 등)

- 세출예산: 각 부서와 사업별로 얼마나 예산이 배정되었는지

- 기금운용계획: 특정 목적의 기금을 어떻게 조성·운용하는지

▶ 예산 분석 팁

- 전년도 대비 증감 비교: 급격한 증가나 감소 항목은 주목 대상

- 성과 지표 확인: 예산이 편성된 사업의 목표와 성과지표를 확인

- 부서 간 예산 편중 여부: 특정 부서나 인사 위주의 배정은 문제 소지 있음

- 수의계약 비중: 특정 업체에 반복되는 계약 여부 확인

시의원은 단순한 감시자가 아닌 재정 감식 전문가의 시선으로 예산서를 읽어야 한다.

예산 감시의 전형적 사례

▶ 사례 1: 행사성 예산의 과다 편성 지적

한 지방 소도시의 어느 시의원은 매년 반복되는 축제·기념행사 예산이 당초 계획보다 30~50%씩 초과 지출되는 문제를 지적하고, 불필요한 행사를 폐지하고 민간 위탁 예산을 삭감하였다.

▶ 사례 2: 소규모 시설물 유지관리 예산의 이중 편성 발견

한 지방 소도시의 어느 시의원은 일부 동사무소에서 동일한 항목의 유지보수 예산이 부서 간 중복 편성된 것을 발견해 수정 요구, 결과적으로 2억 원 이상의 예산 낭비를 방지하였다.

이러한 실무적 개입은 시의원이 단순히 '의사 표시하는 사람'이 아니라 시정 운영의 참여자라는 점을 분명히 보여준다.

조례 입안 권한과 그 의미

시의원이 가진 또 하나의 핵심 권한은 바로 조례 제정과 개정이다. 조례는 지방정부 차원에서 시행할 수 있는 법률로서, 시민 생활의 다양한 영역에 영향을 미친다.

▶ 조례 제정 절차

- 조례안 초안 작성(시의원 또는 시청 부서)

- 시의회 상임위에서 검토·수정

- 본회의 상정 및 가결

- 시장의 공포 (혹은 재의 요구 가능)

▶ 조례의 유형

- 행정 규칙형: 부서 업무의 기준과 절차 규정(예: 행정정보 공개 조례)

- 생활 규범형: 시민 일상에 직접 적용(예: 주차장 설치 및 관리 조례)

- 복지/지원형: 특정 대상에 혜택 제공(예: 청년 월세 지원 조례)

시의원은 이러한 조례를 통해 제도적으로 시민의 권리와 지역의 특수성을 반영할 수 있다.

정책 제안자로서의 역할

시의원이 집행부의 정책을 평가하고 조정하는 것에 그치지 않고, 직접 정책을 기획하거나 제안하는 역할도 수행할 수 있다.

▶ 정책 제안의 방식

- 시정 질문: 정례회의에서 시장에게 정책 추진 방향 질문

- 5분 자유발언: 본회의에서 정책 방향을 제안하거나 문제 제기

- 행정사무감사: 특정 부서나 사업에 대한 구조적 제안 제시

- 시민청원 수렴: 주민 제안에 따라 정책적 개입 요구

예를 들어 한 시의원은 '공공도서관 나 아동 돌봄존 설치'를 추진하였고 이 사안이 조례로 이어져 실제 설치되고 운영되며 시민들로부터 큰 호응을 얻었다.

이처럼 시의원의 제안은 작은 생활정책에서 출발해 지역 정책으로 확대될 수 있다.

전문성을 위한 노력: 정책 역량을 키우는 방법

시의원의 정책·예산 감시 능력은 선출 당시 자동으로 주어지는 것이 아니다. 다음과 같은 방식으로 지속적인 역량 강화가 필요하다.

- 지방의회 정책연구회 참여 또는 주도
- 전국 시의회 네트워크를 통한 정보 교류
- 의정 활동과 관련된 전문 교육 과정 수강
- 전문가와의 정기 간담회: 교수, 시민단체, 연구기관 등과 협업
- 보고서와 통계자료 분석 훈련: 국정감사 보고서, 지역경제 보고서, 감사자료 등 활용

이러한 지속적인 학습과 네트워크는 시의원의 정책 입안 및 감시 기능을 실질적으로 강화하는 기반이 된다.

시민과 함께 하는 예산·정책 활동

시의원이 예산과 정책을 주도할 때 시민의 참여와 의견을 반영하는 구조를 만드는 것이 중요하다. 이는 단순한 형식적 '청문회'나 '공청회' 수준을 넘어서야 한다.

▶ 시민 참여 방식
- 주민참여예산제 활성화: 예산 편성 과정에 시민 참여 보장
- 정책 제안 플랫폼 운영: 온라인으로 정책 아이디어 접수
- 지역별 정책 포럼 정례화: 동별 이슈 중심 포럼 개최
- 시민정책 패널 구성: 주요 조례안에 대한 사전 자문 수렴

한 사례로 서울의 한 구의회는 '청소년 의회 체험단'을 통해 청소년들이 직접 조례를 발의해보고 심의하는 프로그램을 진행하며, 실제 청소년 관련 조례 개정에 영향을 주었다.

시의원이 시민을 행정의 객체가 아니라 정책 공동체의 주체로 존중할

때, 정책은 더 정교하고 설득력 있게 작동한다.

실효성 있는 의정 활동을 위한 조건

예산과 정책이라는 막강한 권한을 가진 시의원이 실질적인 영향력을 발휘하기 위해서는 다음의 세 가지 기반이 필요하다.

첫째, 시간 관리와 준비. 상임위와 본회의 외에도 평소 정책을 준비하는 시간 확보가 필요하다.

둘째, 조직적인 보좌 체계 확보. 보좌진 또는 정책자문단을 활용해야 한다.

셋째, 시민과의 채널 유지. 지역 민원과 정책 제안을 분리하여 체계적으로 정리해야 한다.

이러한 체계를 갖추면, 시의원 한 명도 실제로 지역 정책에 실질적인 변화를 이끌 수 있는 능동적 주체가 된다.

24

조례 제정과
행정 견제의 실무

조례와 견제, 시의원의 실질적 권한

시의원은 지방자치단체의 의결기관 구성원으로서 가장 중요한 두 가지 권한을 가진다. 하나는 조례 제정과 개정의 입법 기능, 다른 하나는 행정에 대한 감시와 견제 기능이다. 이 두 권한은 단순한 형식이 아니라, 시민의 권익을 보호하고 지방행정의 투명성과 효율성을 확보하는 실질적인 수단이다.

시의원이 단순히 민원을 듣고 전달하는 역할에 머물러서는 안 된다. 입법 기능을 통해 제도를 설계하고, 감시 기능을 통해 예산 낭비와 행정 남용을 막는 민주주의의 마지막 보루로 기능해야 한다. 이 장에서는 실제 조례를 어떻게 기획하고 추진하는지, 행정 견제를 어떻게 실행하는지 실무적으로 설명한다.

조례란 무엇인가?

조례는 지방자치단체의 법률이다. 국회의 법률과 마찬가지로 주민에게 법적 구속력을 가지며, 지역의 실정에 맞는 제도를 만들 수 있는 자율적 장치다.

▶ 조례의 법적 성격

- 「지방자치법」에 따라 지방의회가 제정할 수 있음

- 집행부(시장)의 시행규칙보다 상위 규범

- 위임 없이도 제정 가능하나, 상위 법령에 반해서는 안 됨

조례는 단순한 선언이나 원칙이 아니라 구체적인 시행 기준과 권한·의무를 담은 규범이다. 따라서 조례를 만든다는 것은 곧 시민의 삶에 새로운 틀을 제공하는 입법 행위라 할 수 있다.

조례 제정의 실무 절차

조례 하나를 제정하기 위해서는 정교한 절차와 준비가 필요하다. 시의원이 단독으로 또는 공동 발의하여 조례안을 추진할 수 있으며, 다음과 같은 절차를 따른다.

① 아이디어 구상 및 자료 조사

- 시민 제안, 민원, 현장 방문 등을 통해 문제 인식

- 관련 법령, 타 지자체 사례, 기존 정책과의 연계성 검토

② 조례안 초안 작성

- 법적 용어를 바탕으로 구조화된 문서화 필요(조항, 부칙 포함)

- 전문위원 또는 입법 지원팀과 협의

③ 상임위원회 심사

- 관련 부서 및 이해당사자 의견 청취

- 내용 보완, 삭제, 추가 등 심의

④ 본회의 상정 및 의결

– 출석의원 과반수 찬성으로 통과

⑤ 시장에게 이송 및 공포

– 시장은 재의 요구 가능, 의회는 다시 의결 시 조례 확정

이 과정은 단순히 문서 작업이 아니라, 정책적 설계와 정치적 조율, 시민과의 소통이 결합된 복합 행위다.

조례 기획의 핵심: 필요성과 실현 가능성

좋은 조례는 다음 두 가지 요건을 충족해야 한다.

첫째, 사회적 필요성이다. 해결이 시급하거나 기존 제도로는 충족되지 않는 문제인가? 이런 사항을 검토하여 필요성이 있어야 한다.

둘째, 행정적 실현 가능성이다. 해당 부서가 이행 가능한 예산과 인력 그리고 구조를 갖추고 있는가? 현실에서 실현 가능한 사항이어야 한다.

더 나아가 실제 조례 기획 시 다음의 점을 고려해야 한다. 첫째, 상위 법령의 위임이 필요한지 여부, 둘째, 예산 수반 여부 및 예산 확보 가능성, 셋째, 관계 기관 또는 이해당사자의 반발 가능성, 넷째, 중복 조례 존재 여부 등이다.

새로운 조례를 기획할 때는 여러 가지를 검토해야 한다. 예를 들면 청소년 정책과 관련된 조례는 교육청, 경찰서, 복지 부서와 협의가 필요하며, 청소년 당사자의 참여 보장 조항도 포함되어야 한다.

가능한 조례 제정 사례

▶ 사례 1: '1인 가구 고독사 예방 조례' 제정

지역 실태조사와 NGO의 제안으로 조례안을 발의하였다. 이를 통해 위기 가구 데이터 공유, 주민신고체계, 방문간호 인력 배치 근거 마련이

가능했다.

▶ 사례 2: '플라스틱 줄이기 조례' 제정

생활용품 상점 대상 자율적 감축 협약 체결을 조례화하였다. 시 보조금 지급 시 감축 실적 반영 기준을 마련했다.

이러한 조례는 단지 선언적 목적이 아닌, 행정 실행의 기준과 근거를 제공하는 실효적 장치로 작동한다.

행정 견제의 수단: 질문, 감사, 요구

시의원의 견제 권한은 정기적, 수시적으로 발휘된다. 그 주요 수단은 다음과 같다.

첫째, 시정 질문. 정례회에서 시장을 상대로 질문하는 공식 절차. 정책 방향, 예산 우선순위, 공공기관 운영 등을 다룬다.

둘째, 5분 자유발언. 긴급하거나 이슈가 되는 사안에 대해 본회의장에서 발언이 가능하다.

셋째, 행정사무감사. 연 1회, 상임위원회를 중심으로 시행한다. 부서별 자료 제출 요구, 현장 방문, 간담회 등을 포함한다.

넷째, 자료 제출 요구. 특정 사업에 대한 집행 내역, 용역보고서, 계약서 등 요청 가능하다.

다섯째, 현장 확인 및 조사 활동. 각종 시설, 공사현장, 복지시설 등 방문 점검을 할 수 있다.

이러한 활동을 통해 시의원은 단순한 질의자가 아니라, 시정 전반에 대해 통제와 개선을 요구할 수 있는 실질적 권한자가 된다.

견제의 원칙: 감시는 비판이 아니다

행정에 대한 견제는 곧 행정을 멈추게 하거나 공격하기 위한 목적이 아니다. 다음의 원칙을 지켜야 한다.

첫째, 객관적 사실에 기반해야 한다.

둘째, 비난보다 대안을 함께 제시해야 한다.

셋째, 부서 및 공무원과 협업적 관계를 유지해야 한다.

넷째, 공개 질의와 비공개 질의를 잘 구분해야 한다.

다섯째, 정치적 노림수보다 정책적 관점을 유지해야 한다.

견제의 목적은 "시정을 내 편으로 끌어오거나 적대화시키는 것"이 아니라, 공공의 목적에 맞는 방향으로 수정하는 것이다.

견제와 갈등의 경계: 합리적 논쟁의 기술

시의원과 집행부 사이의 갈등은 불가피하다. 그러나 그것이 정쟁이 되느냐, 정책 논쟁이 되느냐에 따라 시민이 느끼는 신뢰는 크게 달라진다.

그래서 효과적인 견제를 위한 기술이 필요하다. 집행부에 대한 질의는 명확하고 구조적으로 정리된 문장으로 하고, 근거 자료를 사전에 확보하고 질문에 포함시키며, 부서의 입장을 존중하되, 논리적 허점을 짚어야 한다. 또 회의 중 감정적 언행이나 과장된 표현은 피해야 하고, 질의 후 반드시 피드백 문서나 시정 조치 결과를 추적해야 한다.

이러한 견제 기술은 곧 정치적 성숙도를 보여주는 기준이 되며, 행정과 의회 간 생산적 관계를 형성하는 기반이 된다.

조례와 견제를 연결하는 전략

조례 제정과 행정 견제는 별개로 보이지만 실제로는 유기적으로 연결되어 있다. 행정 감사나 시정 질문 과정에서 드러난 문제는 조례 개정이나 신규 제정의 계기가 된다.

예를 들면, 행정사무감사에서 드러난 복지 대상 누락 건에 대해 '복지

사각지대 발굴 조례' 개정을 추진할 수 있다. 또 예산 누수 사례를 발견했을 때는 '공공계약 모니터링 조례'를 신규 발의할 수 있다.

이처럼 견제를 단발성 비판으로 끝내지 않고 입법으로 연결할 수 있는 실천 전략이 필요하다.

25

시민을 대변하는
소통 역량

시의원은 '말하는 사람'이 아니라 '듣는 사람'이다

시의원의 역할 중 가장 중요한 하나는 시민을 대변하는 일이다. 그러나 '대변'이라는 말은 단순히 대신 말하는 것을 뜻하지 않는다. 그것은 시민의 삶과 목소리를 정확하게 이해하고, 그 뜻을 행정에 전달하며, 정책에 반영되도록 설득하는 전 과정을 포함한다.

이 모든 과정의 출발점이자 핵심은 '소통'이다. 소통은 단순히 말하는 능력이 아니라, 듣고, 정리하고, 전달하고, 설득하는 종합적 역량이다. 이 장에서는 시의원이 갖추어야 할 시민 소통 역량의 구체적 요소와 실천 방법을 다룬다.

왜 '시민 소통'이 중요한가?

시민과의 소통은 단지 민원 해결이나 선거운동에 필요한 기술이 아니다. 그것은 시의원이 존재하는 이유, 시의원직의 정당성을 뒷받침하는 핵심이다.

시민과의 소통의 목적은 여러 가지가 있다. 시민의 목소리를 정책과 의정에 반영하기 위한 것, 행정과 의회의 결정에 대한 시민의 수용성을 높이기 위한 것, 정책의 효과를 높이기 위해 현실을 정확히 파악하고 조정하기 위한 것, 지역 갈등을 예방하거나 해결하기 위한 것 등이다.

소통 없는 시의원은 행정 권위에 종속되기 쉬우며, 결과적으로 시민의 신뢰를 잃게 된다. 소통은 곧 신뢰이고, 신뢰는 정치의 자본이다.

좋은 소통이란 무엇인가?

효과적인 소통은 단지 많은 말을 하거나, SNS에 자주 등장하는 것이 아니다. 다음과 같은 4단계 구조를 지닌 소통이 바람직하다.

① 경청: 시민의 말과 맥락을 이해하는 능력

② 정리: 복잡한 주장이나 민원을 핵심으로 정리하는 기술

③ 전달: 이해당사자나 행정기관에 명확하게 전달하는 표현력

④ 피드백: 결과를 설명하고 다음 단계를 안내하는 책임감

이러한 구조가 정착되어야 시민이 "이 시의원은 우리 편이다"라는 신뢰를 갖게 된다.

시의원 소통 역량의 주요 요소

시의원이 갖추어야 할 소통 역량은 다음과 같이 구체적으로 나눌 수 있다.

첫째, 공감 능력이다. 시민의 분노, 슬픔, 불안, 희망을 있는 그대로 받아들이는 태도가 필요하다. 정답보다 반응이 먼저임을 이해하는 감성 지능이 필요하다.

둘째, 구조화 능력이다. 말이 많고 복잡한 민원을 핵심 사안과 제도적

요구로 정리하는 능력이 필요하다. 공무원에게 전달 가능한 형식으로 문제를 재구성하는 기술이 있어야 한다.

셋째, 설득력이다. 시민의 주장을 제도권에 설득력 있게 전달할 수 있는 논리와 표현력이 있어야 한다. 다른 시의원, 공무원과 협의할 수 있는 유연한 논쟁 능력이 필요한 것이다.

넷째, 메시지 전달 능력이다. SNS, 보도자료, 간담회 등 다양한 채널을 활용한 메시지 전달 기술이 필요하다. 말뿐 아니라 글쓰기, 시각자료 구성 등 복합적 표현력이 갖추어져야 한다.

다양한 시민과의 소통 방식

시민은 매우 다양한 집단이다. 연령, 계층, 관심사, 지역, 직업, 정치 성향 등 모든 것이 다르기 때문에, 소통 방식도 다르게 접근해야 한다.

① 주민과의 일상적 소통

- 동네 행정복지센터, 아파트 단지 회의, 전통시장, 학부모 모임 등 생활 공간 방문

- 지역 SNS 커뮤니티(맘카페, 동네앱 등) 모니터링 및 참여

② 계층별 맞춤 소통

- 청년: 카카오톡 채팅, 유튜브, 브이로그, 밴드나 인스타그램 활용

- 노년층: 경로당, 복지관, 교회·사찰 등 방문 소통, 오프라인 안내지 제작

- 장애인·이주민: 활동가, 복지사 등 중간조직과의 협업 통한 간접 대화 채널 확보

③ 주제별 소통 플랫폼 운영

- 예산·조례와 관련한 주민참여토론회, 온라인 공청회 정례화

- 청년정책·보육·안전 등 정책별 소통 채널 개설 및 유지

다양한 채널을 통해 누구나 말할 수 있고, 그 말이 전해질 수 있는 구조를 만드는 것이 시의원의 역할이다.

민원을 정책으로 연결하는 과정

시민의 민원은 단지 '불만'이 아니다. 그것은 제도나 행정의 사각지대를 드러내는 신호이며, 잘 정리하면 훌륭한 정책 아이디어가 될 수 있다.

이런 민원을 정책화하는 단계는 다음과 같이 단계별로 구분해 생각할 수 있다.

- 접수: 상담, 전화, 메시지, 방문 등 다양한 채널로 수집
- 분류: 단순 행정 민원, 반복 민원, 제도 개선 요구 등으로 나누기
- 분석: 근거법령, 예산, 유사사례, 이해관계자 조사
- 대안 구상: 제도적 개편, 조례 개정, 예산 조정안 등 도출
- 정책 제안 또는 조례안 발의

예를 들면, 아파트 경비노동자 휴게공간 부족 문제가 제기되었다면, 주택관리법을 찾아 해석 검토하고, 휴게시설 설치 조례를 기획하여 발의할 수 있다.

시의원은 민원을 수용할 뿐 아니라 의제화하고 제도화하는 역량을 갖추어야 한다.

소통 실패의 원인과 극복

소통이 실패하는 원인은 대개 다음과 같다.

첫째, 시민을 '계도'하려고 할 때. 시민은 설명이 아닌 공감을 원한다

둘째, 민원을 단순히 '행정에 전달'간 하고 잊을 때. 단지 전달만 해서는 안 되고 계속 추적하며 결과까지 나오도록 해야 한다.

셋째, '비판'에 방어적으로만 대응할 때. 시민은 해결책을 원한다.

넷째, 특정 집단에만 반응하고, 전체 시민을 고려하지 않을 때. 시의원은 자기를 지지해 준 사람들만을 위해 일해서는 안 된다.

이를 극복하기 위해서는 다음의 자세가 필요하다.

첫째, 경청 이후 "이 문제는 왜 발생했을까?"라는 구조적 질문으로 확장해야 한다.

둘째, 결과가 없더라도 응답하고, 일정과 한계를 설명해 주어야 한다.

셋째, 시민단체, 전문가, 공무원 등과 공동으로 대안을 고민해야 한다.

소통은 '완벽한 답'을 주는 것이 아니라, 과정에 함께하는 것이다.

시민과의 신뢰를 쌓는 말과 태도

시민은 말을 듣고 판단하기보다는 말하는 태도를 보고 신뢰를 결정한다. 다음은 시민과 소통할 때 지켜야 할 말과 태도 원칙이다.

첫째, 전문용어 대신 쉬운 언어를 사용한다.

둘째, 부정확한 정보는 주지 않는다. "확인 후 다시 말씀드리겠다"고 말할 용기를 가진다.

셋째, 상대의 분노나 감정에 대해 "그럴 수 있다"고 반응한다.

넷째, 민원을 "해결해주겠다"보다 "같이 고민해보자"고 접근한다.

다섯째, 제도의 한계를 설명할 때 책임을 회피하지 않는다.

신뢰는 하루에 만들어지지 않지만, 한마디로 무너질 수 있다. 시민을 대하는 말은 정책의 첫 번째 설계도다.

소통이 만든 변화의 전형적 사례

▶ 사례 1 : 간담회를 통한 소규모 보행환경 개선

한 시의원은 초등학교 앞 보행로 확보 민원을 받은 후, 인근 주민·학교·경찰서와 간담회를 열어 2주 내에 임시 펜스 설치 및 차량 진입 제한 조치를 이끌어냈다. 이후 조례 개정을 통해 유사 지역의 구조개선 사업 기준을 마련하였다.

▶ 사례 2: SNS를 통한 제도적 지원 확대

다른 시의원은 출산 가정을 위한 육아물품 지원 캠페인을 SNS에서 제안받고, 시민제안형 예산사업으로 추진했다. 최종적으로 매년 100가구 이상이 혜택을 받는 제도로 제도화되었다.

이처럼 소통은 민원을 넘어서 공감에서 시작해 정책으로 완성되는 실천의 연쇄다.

제7부

시의회 의장의 역할과 리더십

26

의장으로
선출되는 과정

시의회의 얼굴, 의장은 누구인가?

기초지방자치단체의 시의회에서 의장은 단순한 내부 대표가 아니다. 그는 회의를 주재하고, 의회의 공식 입장을 대변하며, 때로는 시장과 행정부를 상대로 협상의 전면에 서는 지방의회의 수장이다.

의장의 리더십은 의회 운영의 안정성과 효율성, 그리고 시민에게 비치는 정치의 품격을 좌우한다. 특히 의회가 다양한 정당과 이익을 대표하는 구조일 경우, 의장의 중재력과 통합력이 절대적이다. 이 장에서는 시의회 의장이 되는 법적 절차, 정치적 역학, 내부 합의의 과정, 그리고 성공적인 의장 선출을 위한 전략을 체계적으로 설명한다.

의장은 어떻게 선출되는가?

시의회 의장은 지방자치법 제48조에 따라 시의회 의원 중에서 투표로 선출된다. 대체로 다음의 과정을 거친다.

① 의장 후보 등록: 의원 중 출마 의사를 밝히고 후보로 등록

② 의장 선거 진행: 무기명 비밀투표로 진행

 - 재적의원 과반수 출석, 출석의원 과반수 득표 시 당선

 - 과반수 미달 시 2차 투표 진행(동수일 경우 연장자 우선 등 규칙 적용)

③ 부의장 선출: 의장 선출 직후 같은 방식으로 부의장 선출

이러한 절차는 법률상 명확하게 정해져 있으나, 실제 현장에서는 당내 조율, 연합 전략, 교섭단체 간 협약 등 복합적인 정치적 과정이 병행된다.

의장 선출을 둘러싼 정치적 풍경

의장 선거는 때로는 국회 못지않게 복잡한 정치적 협상과 전략이 전개되는 장이다. 의장 선출에 영향을 미치는 요인은 여러 가지가 있다.

첫째, 정당 구도. 단일 정당이 과반을 차지하는지, 아니면 다당제 구도인지 등이 영향을 미친다.

둘째, 교섭단체의 힘. 시의회 내 교섭단체의 결속력과 합의 능력이 영향을 미친다.

셋째, 지역 기반 연대. 같은 선거구 출신, 지역 이해관계에 따른 연대 형성 상황이 영향을 미친다.

넷째, 관록과 경력. 초선보다는 재선 이상, 주요 상임위원장 경력 여부 등이 영향을 미친다.

다섯째, 타협안 형성. 전·후반기 분할 약속, 부의장 또는 위원장직과의 패키지 협상 등이 영향을 미친다.

실제로는 선출과정이 정치적 설득과 조율 능력의 시험대가 되며, 이는 향후 의장직 수행에도 중요한 기준이 된다.

의장에 요구되는 조건과 자질

법적으로는 단지 '의원'이면 누구나 의장에 출마할 수 있으나, 현실적으로는 다음과 같은 요소들이 고려된다.

첫째, 중립성과 공정성이다. 정파에 치우치지 않고 의회를 통솔할 수 있는 균형 감각이 필요하다.

둘째, 소통과 설득력이다. 다양한 이해관계를 조율할 수 있는 대인관계 기술이 필요하다.

셋째, 의회 운영 경험이다. 상임위원장, 부의장 등의 리더십 경험이 필요하다.

넷째, 의정 성과와 평판이다. 시민과 동료 의원에게 신뢰받는 이력이 필요하다.

다섯째, 조직관리 능력이다. 의회사무국과 행정업무를 효율적으로 조율할 수 있는 리더십이 필요하다.

의장은 단지 의회를 대표하는 자리가 아니라, 정치와 행정, 시민 사이를 매개하는 조정자이자, 의회 운영의 전략가여야 한다.

가능한 의장 선출 사례

▶ 사례 1: 다수당 단독 과반 구도

한 시의회에서는 특정 정당이 70% 이상의 의석을 차지하며, 사전 조율을 통해 3선 의원 중 한 명을 의장으로 추대하였다. 부의장과 위원장은 재선과 초선, 비주류를 배려하며 조율해 원만히 구성하였다. 이런 경우 다수당 내 조율이 가장 큰 변수이며, 민주적 절차보다 '정당 합의'가 실제로 더 큰 힘을 발휘한다.

▶ 사례 2: 다당제 혼합 구도

다른 한 시의회에서는 세 개 정당이 비슷한 의석을 차지해 교착 상태가 발생하였다. 결과적으로 전반기·후반기 의장직 분할에 합의하였다. 그 대신 상임위원장 배분에 대해 장기 협상이 이어졌다. 정파적 균형을 맞추기 위한 연합 정치의 필요성이 있으며, 때로는 의장직이 정당 간 교섭의 핵심 카드로 활용되기도 한다.

의장 출마를 준비하는 전략

시의회 의원 중에서 의장 출마를 고민하는 사람은 다음과 같은 전략적 접근이 필요하다.

첫째, 사전 동향 파악. 동료 의원의 성향, 희망 직책, 조율 가능성 등을 분석한다.

둘째, 출마 명분 확보. 지역 대표성, 상임위 성과, 통합 리더십 강조 등 명분을 확보한다.

셋째, 동료 의원과의 관계 구축. 선거 직후부터 꾸준한 신뢰 형성 노력을 통해 우호적 관계를 형성한다.

넷째, 의회 구성 시점에 맞춘 메시지 즌비. 회기 시작 전후, 출마 선언의 시기를 조절하고 적절한 메시지를 낸다.

다섯째, 정파 간 중재자 이미지 강화. 분열보다 조정의 리더로 포지셔닝한다.

의장은 단순히 '높은 자리'가 아니라, 정치적 무게와 조정력을 보여주는 자리이므로 출마 전략도 단순한 득표를 넘어 신뢰와 중립성 구축에 중점을 두어야 한다. 의장은 실제로 3선 의원 선에서 결정되는 경우가 많다.

의장 선출 이후의 첫 과제

의장으로 선출되었다면 그 다음 과제는 의회를 '조직'하고 '안정화'하는 일이다.

의장 선출 시 첫 30일에 해야 할 과제는 다음과 같다.

- 상임위원장 배분 조율: 정당별, 지역별, 계파별 균형 고려
- 의회 일정 수립: 정례회, 임시회, 시정질문, 예산 심의 일정 확정
- 의회사무국과의 역할 조정: 의회 운영을 실무적으로 담당할 실무팀
  을 구성
- 기자회견 및 대시민 메시지 정리: 의회 운영 방향과 철학 제시

의장 취임 직후부터 신속하고 조화로운 의회 구성은 의장 리더십에 대한 평가의 첫 기준점이 된다.

의장직 수행의 딜레마와 과제

의장은 다음과 같은 긴장 관계 속에서 역할을 수행해야 한다.

첫째, 중립성과 당파성 사이. 당적을 유지하면서도 공정한 운영을 요구받는다.

둘째, 행정부와의 협력과 견제 사이. 시장과 협력해야 할 때도, 감시해야 할 때도 있다.

셋째, 의회 구성원 간의 이견 조율. 다수당 내부, 또는 소수당과의 갈등 관리가 늘 문제다.

넷째, 시민의 눈높이와 정치 현실 사이. 공개성과 신속성의 균형을 유지해야 한다.

이 딜레마를 관리하는 것은 결국 의장의 개인적 철학, 정치 감각, 커뮤니케이션 역량에 달려 있다. 실력보다 품격, 논리보다 태도가 더 큰 영향을 미치는 자리다.

의장은 누구를 위한 사람이어야 하는가?

의장은 동료 의원의 대표일 뿐 아니라, 시민 앞에 서는 의회의 상징이

기도 하다. 따라서 의장이 가져야 할 기본 철학은 다음과 같다.

첫째, 시민 앞에서는 설명할 수 있는 정치, 둘째, 의원 앞에서는 공정하고 일관된 운영, 셋째, 시장 앞에서는 당당하고 명확한 입장 등이다.

의장은 결정권자라기보다 균형자이며, 통합자이고, 설명자여야 한다. 그러한 리더십이 있을 때, 의회는 신뢰받는 정치 공간으로 기능할 수 있다.

27

의장으로서의
중립성과 조정 능력

의장의 리더십, 중립과 조정에 달렸다

시의회의 의장은 회의를 주재하고 대외적으로 의회를 대표하는 직책이지만, 그 본질적인 책무는 의회 구성원 간의 갈등을 조정하고 회의를 공정하게 운영하는 것에 있다. 특히 다양한 정당, 지역, 이해관계로 구성된 지방의회에서는 '중립성'과 '조정 능력'이 의장의 가장 중요한 리더십 자질로 꼽힌다.

이 장에서는 시의회 의장이 갖춰야 할 중립적 자세와, 갈등 상황에서 실질적으로 조율하고 합의를 이끌어내는 조정 역량에 대해 실제 사례와 함께 깊이 있게 설명한다.

왜 '중립성'이 중요한가?

지방의회는 단일한 이해관계를 가진 집단이 아니다. 의원 개인의 정치적 지향, 정당, 지역 기반, 정책 관심사는 모두 다르다. 이 다양한 성향의

의원들이 함께 의사를 결정하고 조례를 심의하는 공간이기 때문에, 의장의 중립성은 의회 운영의 전제조건이다.

중립성이 부족할 때 여러 문제가 발생할 수 있다.

첫째, 특정 정당이나 의원에 편향된 발언과 판단을 한다면, 타 의원들의 의회 불신을 초래한다.

둘째, 상임위원장 배정, 발언 기회, 의사진행 방식에 대한 편파적 운영을 한다면, 시의회 의원들 간의 내부 갈등이 심화될 것이다.

셋째, 시민이 의회를 '당리당략의 공간'으로 인식하게 되어 의회 전체의 신뢰도가 하락할 것이다.

따라서 의장은 사적 정치적 유불리를 따지기보다 의회 전체의 질서와 균형을 우선하는 원칙 중심 운영이 필요하다.

의장이 지켜야 할 중립 운영 원칙

의회 운영의 중립성을 확보하기 위해 의장이 반드시 실천해야 할 기본 원칙은 다음과 같다. 세 가지 중립을 지켜야 한다.

첫째, 절차적 중립을 지켜야 한다. 발언 신청, 질의 시간 배정, 안건 상정 순서 등을 사전에 정한 규칙에 따라 운영해야 한다. 표결 시에는 정당 간 논의 시간을 균등하게 보장하고, 회의록, 진행 발언 등 모든 기록을 투명하게 남겨야 한다.

둘째, 상징적 중립을 지켜야 한다. 회의장 내 자리 배치, 의장의 호칭 사용, 언론 인터뷰 등에서 정당색을 드러내지 않아야 한다. 의회 행사에서 정당 기호나 색상 노출을 최소화해야 한다.

셋째, 실질적 중립을 지켜야 한다. 특정 정당이나 의원의 이익을 대변하지 않으며, 협의 시 양측의 입장을 동일하게 대우해야 한다. 시장이나 집행부와의 협상에서 '의회 전체의 입장'을 우선시해야 한다.

이러한 원칙들은 의장이 공정한 심판자, 질서의 관리자, 통합의 리더로서 자리매김할 수 있게 해 준다.

조정 능력이 필요한 이유

의장은 다양한 이해관계를 가진 의원들 간의 갈등을 중재하고, 합의를 이끌어내야 하는 조정자이자 조율자다. 지방의회는 국회에 비해 정치적 스펙트럼이 좁지만, 오히려 생활 밀착형 이슈나 지역 이해가 더 복잡하게 얽혀 있어 감정적 갈등이 자주 발생한다.

조정 능력이 필요한 상황은 적지 않게 발생한다. 예를 들어, 상임위원장 배분 갈등, 특정 조례안 처리 여부를 둘러싼 여야 대립, 의원 간 언쟁 및 발언 정정 요청, 시장과 시의회의 정책 협상 또는 예산 삭감 갈등 등이 대표적이다.

이럴 때 의장은 단순한 진행자가 아니라 갈등을 풀고, 중간 지대를 만드는 전략가여야 한다.

실전에서의 조정 기술

의장이 실제 조정자로서 기능하기 위해서는 다음과 같은 실전적 소통 전략이 필요하다.

첫째, 비공식 대화 채널 활용이다. 본회의나 상임위가 아닌 자리에서 비공식 의견 교환을 하는 방식이다. 의장실 초청 간담회, 정당별 사전 면담 등 비공식 채널로 조정이 가능하다.

둘째, 공통 이익 찾기다. 정당별 입장을 수렴해 '모두에게 이득이 되는 지점'을 중심으로 합의안을 설계한다. 예를 들어, 예산안 일부 수용 조건으로 핵심 조례안 상정에 합의할 수도 있다.

셋째, 단계적 양보 설계다. 즉각적 해결보다 단계별 수용안을 마련해

'출구전략'을 제공할 수도 있다. 예들 들어, 이번 회기에는 부결하지만, 다음 회기 중간 보고 후 재논의한다는 식의 절충안을 낼 수도 있다.

넷째, 의장 개인의 신뢰도 축적이다. 의장 개인의 평판과 중립적 이미지가 협상의 신뢰 기반이 된다. 일관된 태도, 약속 이행, 편파 발언 자제 등으로 신뢰를 구축해야 한다.

이러한 조정 기술은 갈등을 극복할 뿐 아니라 의장 리더십의 기반을 더욱 단단히 만들어준다.

조정 리더십의 성공과 실패 사례

▶ 성공 사례: 다당제 시의회의 조례안 합의

한 시의회는 세 개 정당이 비슷한 의석을 가진 구조다. 특정 복지 조례안 통과를 두고 격렬한 이견이 있었으나, 의장이 정당별 정책 간담회를 수차례 진행하고, 예산 절충안을 제시하며 '합의 처리'에 성공했다. 결과적으로 조례안은 수정 가결되었고, 모든 정당이 성과를 공유할 수 있었다. 이 과정에서 의장의 중립적 입장과 인내심 있는 소통 전략이 결정적 역할을 했다.

▶ 실패 사례: 특정 정당에 편중된 회의 운영

어느 시의회에서는 야당이 다수당이어서 시장과 다른 정당 소속 의원이 의장이 되었다. 이 의장은 자신이 속한 다수당의 입장에 치우쳐 상임위원장 독점, 발언 시간 편파, 조례안 강행 처리 등으로 논란이 발생했다. 시장의 예산 편성 권한을 침해하고 사사건건 시 집행부의 행정 업무 추진을 방해했다. 중립을 지켜야 할 의장이 으히려 다수당의 횡포에 앞장섰다. 이처럼 의장의 중립성 상실은 의회 기능 전체를 마비시킬 수도 있다.

중립성과 조정력을 위한 자기관리 전략

의장이 자신의 정치적 성향을 완전히 제거할 수는 없지만, 최소한 의장 직책을 수행하는 동안에는 다음의 자기관리 전략을 통해 균형을 유지해야 한다.

첫째, 의회규칙, 지방자치법 등 관련 법령 숙지. 판단 기준의 일관성을 확보해야 한다.

둘째, 정기적인 피드백 구조 마련. 의원들의 의견을 경청하고 반영할 구조를 설계해야 한다.

셋째, 의회사무국과 협력 강화. 공정한 회의 운영을 위한 실무적 지원 체계를 유지해야 한다.

넷째, 정당 외부 인사와의 교류 절제. 특정 정당 행사에서의 과도한 발언, 사진 노출 자제가 필요하다.

다섯째, 언론 노출 시 중립적 메시지 강조. 의회 전체 입장을 대변하는 표현을 사용할 필요가 있다.

이러한 자기관리 역량은 의장이 임기 말까지 정치적 분쟁의 중심이 아니라, 해결의 중심에 서는 리더로 남도록 도와준다.

시민이 보는 의장의 리더십

시민은 의장 개인의 언행뿐 아니라, 의회를 전체적으로 평가한다. 특히 다음과 같은 모습에서 의회의 품격을 의장의 리더십과 연결지어 판단한다.

즉, 의회 회의의 질서와 생산성, 의장 발언의 공정성과 책임감, 갈등 상황에서의 합리적 대응, 타 기관(시장, 교육청 등)과의 관계 조율 방식, 시민 요구에 대한 수용과 응답의 수준 등 다양한 측면에서 평가한다.

의장의 리더십은 시민이 느끼는 정치의 수준과 직결된다. 따라서 중립성과 조정력은 단지 의회 내부 운영 기술이 아니라 지역 정치문화의 수준을 결정짓는 핵심 역량이다.

의장 임기를 마치는 자세

의장은 언젠가 다시 평의원으로 돌아가야 한다. 따라서 임기 동안 쌓아온 신뢰와 조정 경험은 이후의 의정 활동에서도 중요한 자산이 된다.

첫째, 다음 의장에게 '공정한 운영 문화'를 남기는 것, 둘째, 기록과 제도를 통해 운영의 원칙을 제도화하는 것, 셋째, 전임 의장으로서 후배 의원의 존중을 받는 리더십을 유지하는 것 등이 요구된다.

중립성과 조정 능력은 사라지는 권위가 아니라, 축적되는 영향력으로 남는다.

28

시의회를 이끄는
정치적 감각과 도덕성

의장은 정치인이면서도 공동체의 상징이다

시의회 의장은 분명 선출된 정치인이지만, 그 직위는 단지 정당의 이해를 대변하는 것을 넘어선다. 의장은 의회 전체를 대표하며, 시민과 행정, 의회와 외부기관을 잇는 상징적 존재다. 따라서 단순한 정치적 계산을 넘어서 고도의 정치적 감각과 높은 수준의 도덕성이 요구된다.

의장의 정치적 감각은 다양한 이해를 교차시키고 갈등을 조율하는 능력이며, 도덕성은 신뢰받는 권위를 뒷받침하는 기반이다. 이 장에서는 이러한 두 축이 어떻게 시의회를 이끄는 리더십으로 작동하는지를 실천적 관점에서 풀어본다.

정치적 감각이란 무엇인가?

'정치적 감각'이란 단순한 권모술수가 아니다. 그것은 복잡한 상황에서 방향을 읽고, 행동의 타이밍을 조율하며, 말보다 맥락을 이해하는 능력이다.

정치적 감각의 요소로는 다음과 같은 것들이 있다.

첫째, 맥락 이해. 이슈의 배경, 정당 간 역학, 지역의 민심을 파악하는 능력이다.

둘째, 균형 감각. 어느 한쪽으로 치우치지 않고 전체를 조망하는 시야를 말한다.

셋째, 정세 판단. 의회 내외부에서 일어나는 변화에 민감하게 반응하는 능력이다.

넷째, 말의 기술. 다수에게 공감될 수 있는 메시지를 설계하고 표현하는 기술이다.

다섯째, 행동의 타이밍. 발언, 개입, 협상의 적절한 시기를 결정하는 직관력이다.

이러한 감각은 책으로 배우기 어렵다. 의정 경험, 다양한 사람들과의 교류, 실패의 체험 등을 통해 길러진다.

의장이 갖춰야 할 도덕성의 기준

의장은 '권력자'가 아니라 '대표자'다. 따라서 권위를 지탱할 수 있는 도덕성이 필수다. 단순한 법적 흠결 여부를 넘어, 시민의 눈높이에서 신뢰받을 수 있는 생활 속 청렴성과 공조 자세가 중요하다.

의장에게는 여러 도덕성이 요구된다. 주요한 차원들은 다음과 같다.

첫째, 공적 자원에 대한 절제. 의전 차량, 출장비, 직원 활용 등에서 절제된 태도가 요청된다.

둘째, 인사 공정성. 의회사무국 인사, 상임위 배정 등에서 사적 기준 배제한 공정한 인사가 요청된다.

셋째, 투명한 이해관계 처리. 가족, 지인의 계약 연루 방지, 민원 개입

시 명확한 기록 남기기 등 투명한 행정처리가 요청된다.

넷째, 말과 행동 일치. 시민 앞에서의 말과 실제 행위가 일관되어야 한다.

의장의 도덕성은 의회의 신뢰도를 결정짓는 최전선이다. 한 번의 위선, 한 번의 무책임한 발언이 시민의 기대를 무너뜨릴 수 있다.

정치 감각과 도덕성의 충돌: 어떻게 조율할 것인가?

정치 감각과 도덕성은 때로 충돌하는 듯 보인다. 현실적인 타협이 필요한 순간에 원칙을 지키기 어렵거나, 공정한 운영이 오히려 정치적으로 손해가 될 수 있다. 그러나 진정한 리더는 이 두 요소를 갈등시키지 않고, 상호 보완적으로 작동시킬 줄 아는 사람이다.

정치 감각과 도덕성이 충돌할 때 사용할 조율 전략은 다음과 같다.

첫째, 원칙 위에 협상 설계. 도덕적 기준을 명확히 하고, 그 위에서 유연한 조정을 진행해야 한다.

둘째, 중립적 메시지 반복. 이해집단 간 입장이 다를 때는 공통의 명분을 중심으로 설득해야 한다.

셋째, 정치적 유불리보다 장기적 신뢰 선택. 단기 손실이 있더라도, 공정성을 유지하는 것이 바람직하다.

넷째, 불편한 진실도 설명. 조율이 어려운 사안일수록 숨기기보다 공개하고 설득해야 한다.

의장의 리더십은 바로 이 균형 감각 위에 세워져야 한다.

의장이 갖춰야 할 대외적 정치 감각

의장은 내부뿐 아니라 외부와의 관계에서도 정치적 감각이 필요하다. 시장, 교육감, 중앙정부, 시민단체, 언론 등과의 관계 속에서 의회를 대표하는 메신저이자 협상가로서의 역할을 수행해야 한다.

대외 정치 감각의 구체적 기술로는 다음과 같은 것들이 있다.

첫째, 메시지 조율 능력. 의회 전체의 입장을 조리 있게 전달할 수 있는 표현력이 필요하다.

둘째, 갈등 예방적 태도. 공식 석상에서의 언행에 신중을 기하고, 과잉 대립을 자제해야 한다.

셋째, 이견 관리 기술. 타 기관과의 견해 차이를 감정적으로 처리하지 않아야 한다.

넷째, 관례와 절차에 대한 민감성. 의전, 공동 발표문, 협약 체결 시 예의를 지키고 선례를 존중해야 한다.

특히 언론과의 관계에서는 발언 하나가 시의회 전체의 이미지로 귀결되므로 정치적 언어감각이 중요하다.

시민과의 관계에서 드러나는 리더십

의장의 정치 감각과 도덕성은 결국 시민과의 관계에서 평가받는다. 특히 다음과 같은 순간에 시민은 의장의 진짜 면모를 가늠한다.

- 위기 시 메시지: 지역 재난, 사건 사고 발생 시 의장의 첫 발언
- 갈등 사안 중재 태도: 개발, 재건축, 환경 갈등 등 민감한 의제에서의 공정성
- 소수자 보호 의지: 장애인, 청소년, 이주민 등 사회적 약자 관련 의제에 대한 태도
- 시민 제안의 수용력: 청원, 토론회, 공청회 등을 통한 시민 의견의 반영 수준

시민은 의장이 자신들의 '대리인'인지, 단지 '정치인'인지 명확하게 구분해 낸다. 따라서 의장의 언행은 곧 정치적 교육이자, 신뢰의 축적이 된다.

충남의 한 시의회 의장은 자신의 모교인 한 고등학교 졸업식장에 음주

상태로 참석하여 추태를 부렸다. 있을 수 없는 일이지만 자신이 소속한 정당에서 탈퇴하고 의장직을 사퇴하지 않은 채 버티고 있어서 수많은 시민들의 질타를 받았다.

의회 내부 정치와 관계 조정 감각

의회 내부는 하나의 '작은 정치 생태계'다. 동료 의원 간의 경쟁, 위원장직 배분, 예산 편성 방향 등 다양한 갈등 요소가 존재한다. 의장은 이 모든 갈등의 조정자로서 역할을 해야 한다.

내부 정치 감각의 핵심 기술로는 다음과 같은 것들이 있다.

첫째, 공적 기준 유지. 인사, 안건, 일정 등은 개인 관계보다 절차 중심으로 해야 한다.

둘째, 개별 의원과의 신뢰 축적. 의장으로서의 공정성과, 의원 개인으로서의 신뢰를 분리해야 한다.

셋째, 위원장, 부의장과의 협업. 의장 독주가 아닌 팀워크 기반 운영이 필요하다.

넷째, 의견 다름을 갈등으로 확대하지 않기. 반대 의견에도 경청과 존중 태도를 유지해야 한다.

내부 정치 감각이란 실은 사람을 다루는 능력, 존중하는 태도, 공정함으로 관계를 설계하는 실력이다.

정무 감각과 행정 이해의 결합

의장이 정치 감각만으로 역할을 다할 수는 없다. 행정에 대한 이해와 경험, 예산·감사·조례 제정 등의 절차에 대한 실무적 식견도 필수적이다.

의장이 이해해야 할 행정 분야는 마치 시장의 업무 범위가 넓은 것만큼이나 넓다. 의장은 예산 구조와 심의 절차, 행정감사와 감사원 보고체계, 지방조례와 상위 법령의 관계, 중앙정부 및 광역지자체와의 권한 구조 등에 대한 폭넓은 이해를 갖고 있어야 한다.

이러한 행정 감각이 결합될 때, 의장은 단지 '상징적 존재'가 아니라 실질적 운영자가 될 수 있다. 즉, 정치적 감각과 행정적 전문성이 만나야 리더십이 완성된다.

의장 임기 동안 지켜야 할 윤리 규범

마지막으로, 의장은 자신의 임기 동안 다음과 같은 윤리적 기준을 내면화해야 한다.

첫째, 모든 의사결정은 기록으로 남긴다.

둘째, 공적 자산은 민감하게 다룬다.

셋째, 행정과 사적 관계의 경계를 분명히 한다.

넷째, 권한을 행사하기보다 조율하는 더 집중한다.

다섯째, 모든 시민 앞에서 설명 가능한 판단만 한다.

이러한 윤리는 의장이 퇴임한 후에도 의회 전체에 남겨지는 문화이자 자산이 된다. 특히 초선의원들에게 '정치란 무엇인가'를 보여주는 가장 실질적인 교육이기도 하다.

29

시의회 운영의
실제와 책임

의회는 민주주의의 무대이자 실천 공간이다

시의회는 지방자치의 핵심 기관으로서, 단순한 '회의 장소'가 아니라 지역의 삶을 결정짓는 중요한 정책 결정의 장이다. 특히 의장이 시의회를 어떻게 운영하느냐에 따라, 그 의회의 품격과 효율성, 시민의 신뢰 수준이 달라진다.

이 장에서는 의회 운영의 실제 업무 구조와 절차, 조직관리, 회의 운영 방식, 내부 갈등 조정, 대외 협력 구조 등을 실무적이고 구체적으로 살펴본다. 또한, 의장이 이 모든 운영에서 져야 할 책임의 내용과 그 무게에 대해서도 고찰한다. 탁월한 운영은 단순한 효율성의 문제가 아니라, 민주주의의 성숙도를 보여주는 증표임을 이 장의 중심 가치로 삼고자 한다.

시의회 조직 구성의 원칙

시의회의 운영은 단순히 회의 주재만으로 이루어지지 않는다. 조직 전체를 구성하고 운영하는 관리 책임과 전략적 리더십이 필요하다.

시의회 조직의 기본 구조는 다음과 같다.

– 의장·부의장: 의회 전체 운영 책임, 회의 주재, 대외 대표

– 상임위원회: 기능별로 행정, 복지, 산업, 도시 등 분야별 의안 심사

– 특별위원회: 예산결산, 윤리, 조사특위 등 특정 과제 처리

– 의회사무국: 실무 총괄. 의정 자료 작성, 회의 준비, 기록 관리

조직 운영의 핵심은 각 부문의 기능을 명확히 하고, 중복 없이 유기적으로 작동하도록 하는 관리 역량이다. 이를 통해 의회가 비효율과 혼란에서 벗어나 체계적인 정책 논의의 공간으로 자리 잡을 수 있다.

의장은 모든 것을 혼자 결정하려 하기보다, 상임위원장, 부의장 등에게 운영 권한을 위임하고 협업 체계를 구성해야 한다. 운영위원회를 중심으로 한 회의 체계와 조율 구조가 체계적으로 구성되어야 한다.

회의 운영의 기술과 절차

의회의 핵심 활동은 회의다. 정례회와 임시회를 통해 조례 제정, 예산 심의, 시정 질문 등이 이루어진다. 회의의 품격은 곧 의회의 품격이며, 회의를 어떻게 운영하느냐가 의회의 실질적 성과를 결정짓는다.

먼저, 회의 운영의 주요 절차는 다음과 같다.

첫째, 회기 결정 및 공고, 둘째, 의안 접수 및 안건 배정, 셋째, 상임위원회 심사, 넷째, 본회의 상정 및 의결, 다섯째, 회의록 작성 및 공개 순이다.

또 회의를 운영할 때 지켜야 할 운영 원칙은 다음과 같다.

첫째, 발언권의 공정한 배분, 둘째, 시간 관리와 의사일정 엄수, 셋째, 회의록 작성과 시민 공개, 넷째, 이해충돌 방지를 위한 발언·표결 제한 등이다.

마지막으로, 회의 운영의 실제 기술로는 다음과 같은 것들이 있다.

첫째, 회의 시작 전 사전 브리핑. 의원들의 이해 수준을 맞추고 질의 예고 정리를 한다.

둘째, 의제의 우선순위 설정. 시급성과 파급력을 기준으로 본회의 안건을 정리한다.

셋째, 갈등 사안에 대한 의견 중재. 회의 중 충돌 가능성이 높은 안건은 사전 조정을 한다.

효율적인 회의 운영을 위해서는 사전 브리핑, 의제 조정, 사무국과의 협업이 필수적이며, 회의 중 발생하는 돌발 상황에도 유연하게 대응할 수 있는 리더십이 요구된다.

갈등 상황에서의 조정과 중재

시의회에서는 다양한 이해가 충돌한다. 특히 정당 간, 상임위 간, 의원 개인 간 갈등이 빈번하며, 이를 어떻게 관리하고 중재하느냐는 의장 리더십의 시험대가 된다.

실제적인 조정 기술로는 다음과 같은 것이 있다.

첫째, 공식 회의 전에 비공식 사전 조율 창구를 운영한다.

둘째, 중립적 중재자(부의장 또는 중립 의원)를 활용한다.

셋째, 의장실 회담, 소규모 간담회로 감정 수위를 조절한다.

넷째, 합의 내용은 공식 회의록에 명문화한다.

이런 조정 기술들과 함께 '정서적 조율'의 중요성과 필요성을 인식하고 있어야 한다. 논리적 합의 외에도 감정의 온도를 낮추는 비공식적 커뮤니케이션이 중요하다.

의장은 정례 간담회, 회식 자리, 유쾌한 소통의 공간을 마련함으로써 정치적 신뢰의 심리적 기반을 다질 수 있다.

갈등은 피할 수 없지만, 갈등을 어떻게 관리하느냐에 따라 의회의 기능성과 시민 신뢰는 달라진다.

의회사무국과의 협업

의회 운영의 실질적 추진 주체는 '의회사무국'이다. 이 조직과 원활한 협업이 없이는 회의 진행, 자료 확보, 의안 정리, 의정 지원이 제대로 이루어질 수 없다.

의회사무국과의 협업에서 지켜야 할 원칙이 있다. 그것들은 사무국 인사에 대한 간섭 최소화, 정기적인 업무회의 및 피드백 시간 확보, 장기근속 실무진에 대한 존중과 활용, 정치적 요구와 행정적 판단의 경계 유지 등이다.

지방의 한 시의회에서는 사무국과의 마찰로 인해 회의 자료 제공이 지연되었고, 의원들의 질의응답이 엇갈리는 일이 반복되었다. 이후 '의장-사무국장 정례회의'를 제도화하여 사전 문제 공유와 조율의 틀을 만들었고, 의회 운영의 일관성과 응답 속도가 현저히 개선되었다.

의장은 사무국을 자신의 조직처럼 통제하려 하지 말고 신뢰와 협업의 동반자로 인식해야 한다.

외부와의 관계 설정: 집행부, 시민, 언론

의회는 단절된 공간이 아니다. 외부와의 소통과 협력도 의회 운영의 일부다.

첫째, 집행부와의 관계. 시장·부시장과의 정기 간담회 등 정책 협의체를 운영할 필요가 있다. 예산 협상 시 조정자 역할을 수행해야 한다. 또 공무원 출석 요구 및 답변 관리도 적절하게 해야 한다.

둘째, 시민과의 관계. 시의회는 시민들에게 회의 공개, 유튜브 생중계 등 투명한 운영을 해야 한다. 또 시민의 청원·제안 절차를 마련할 필요가 있고, 지역의 의견 수렴을 위한 의회 주관 토론회 같은 것들도 개최할 수 있다.

셋째, 언론과의 관계. 시의회는 회의 결과 보도자료를 작성해 배포하고, 기자 간담회도 종종 가지며, 악성 보도에 대한 대응 체계도 마련해야 한다.

의회 운영은 '폐쇄적 토론'이 아니라 '공개적 설득'의 장이 되어야 한다. 외부와의 관계는 의회의 신뢰를 높이는 결정적 요인이며, 적극적 설명과 책임 있는 대응이 필요하다.

의회의 책무: 운영 그 자체가 메시지다

의회 운영은 단지 기능 수행이 아니라, 시민에게 보내는 메시지다.

첫째, 회의가 무질서하면, 정치도 신뢰받기 어렵다.

둘째, 조례안 하나에도 논리와 공감이 담겨야 한다.

셋째, 예산 심의가 졸속이면, 지역 예산도 허술해진다.

의장은 이러한 점에서 '행정 리더'가 아닌 '정치적 메시지 관리자'가 되어야 한다. 운영의 일관성, 투명성, 공정성은 곧 의회의 정치적 정체성을 보여주는 기준이 된다.

위기 상황에서의 운영 리더십

팬데믹, 자연재해, 경제 충격 등 위기 상황에서는 의회의 역할이 더욱 중요해진다. 의장은 상황의 심각성을 파악하고, 민감한 사안을 조율하고, 긴급 대응 방안을 마련하는 역할을 맡는다.

위기상황에서는 의장도 재빠르게 움직이는 운영 전략이 필요하다. 의장이 할 수 있는 일은 임시회 긴급 소집, 재난 관련 조례 개정, 시장과의 공동 발표, 비상조치 논의, 사회적 약자 대상 대책 마련 등이다.

의장과 의회는 정보 공유와 시민 불안 해소에 노력해야 한다. 위기 때
는 정보의 비대칭성이 시민 불안을 증폭시킨다. 의회는 언론과 협력하여
정확하고 신속한 정보 제공 체계를 마련하고, 민감한 정책의 방향성을 투
명하게 설명해야 한다.

위기에서의 의회 운영은 정치의 민낯을 드러내는 순간이며, 의장의 대
응은 시민의 신뢰를 좌우한다.

의회 운영의 성과는 누적된다

잘 운영된 의회는 성과를 남긴다. 그것은 법령과 수치만이 아니라, 정
치 문화, 절차적 신뢰, 제도적 유산이라는 형태로 누적된다.

회의 시간 단축 및 생산성 향상, 즈례 통과율과 정책 반영률 상승, 의
원 간 협력 분위기 증대, 시민 참여율 증가, 집행부와의 견제-협력 균형
구조 안정화 등 좋은 결과를 낳는다.

의장은 한 회기의 성과만이 아니라, 다음 의회로 이어질 정치적 자산
을 쌓는 역할을 한다. 이러한 누적은 지역 정치 생태계를 더 건강하게 만
든다.

제8부

시의원이 자주 저지르는 잘못과 그 위험성

30

사적 민원 개입과 특혜 요구

시의원의 권한과 그 그림자

시의원은 지역 시민의 대표로서 행정에 대한 감시, 정책 제안, 예산 심의, 조례 제정 등의 막강한 권한을 가진다. 이 권한은 시민의 이익을 대변하라고 부여된 것이다. 하지만 때로는 이 권한이 사적인 목적이나 특정인의 이익을 위해 남용되는 경우가 있다. 그것이 바로 '사적 민원 개입'과 '특혜 요구'라는 문제다.

시의원이 자신의 지위를 이용해 특정인의 청탁을 처리하거나, 공무원에게 압박을 가하거나, 개발 인허가 과정에서 특정인의 이익을 옹호한다면, 이는 시민을 위한 공직자의 역할에서 벗어나 민주주의를 훼손하는 행위다. 이 장에서는 시의원의 사적 민원 개입과 특혜 요구의 유형, 실제 사례, 법적 책임, 제도적 예방 방안 등을 종합적으로 살펴본다.

사적 민원이란 무엇인가?

공적인 민원이란 다수 시민의 삶의 질 향상을 위한 제안이나 요구를 뜻한다. 반면, 사적 민원은 개인이나 소수가 자신에게만 이익이 되는 결과를 얻기 위해 제기하는 민원을 말한다.

사적 민원의 대표적 유형은 다음과 같다.

첫째, 특정인의 인사 청탁. 친인척, 지인의 채용, 승진, 전보 요구 등이다.

둘째, 개발 인허가 개입. 건축 허가, 도로 점용 허가, 농지 전용 등 행정 승인 절차에 개입하는 것이다.

셋째, 계약 관련 개입. 특정 업체와의 수의계약, 용역 발주 밀어주기 등이다.

넷째, 위법한 편의 요구. 위반 건축물에 대한 단속 유예, 과태료 감면 요청 등과 같은 것이다.

이러한 민원이 시의원에게 접수되고, 시의원이 이를 사적 이해를 바탕으로 행정에 개입하는 순간, 그 행위는 비공식 로비를 넘어서 부패의 문턱에 들어서는 셈이다.

특혜 요구란 무엇인가?

특혜 요구는 말 그대로 특정 개인이나 집단에게 형식상 공정하게 보이나 실질적으로 유리한 대우를 제공하도록 행정에 요구하는 것이다.

특혜 요구의 양상은 다양하다. 예를 들어, 공모 사업에서 특정 단체에 유리한 평가 구조 제안, 보조금 심사 기준을 변경해 특정 대상 지원, 용역 과업지시서에 특정 업체의 기술 기준 포함, 민간단체 행사에 시비를 몰아주는 방식으로 지원하는 것 등 매우 다양하다.

표면상 절차는 문제없어 보이지만, 사전에 '시의원의 요구에 맞게' 설정된 기준이라면 이는 시민 전체의 권익을 침해하는 불공정 행위다.

실제 사례를 통해 본 위험성

▶ 사례 1: 건축 인허가 개입

경기도의 한 시의원이 지역 건설업자와 친분을 맺고, 해당 업체의 아파트 건설 사업에 대해 건축허가를 신속하게 처리해달라고 시청 담당 부서에 요청했다. 이후 감사에서 해당 업체의 서류 미비와 인근 주민 반대 민원이 있었음에도 절차가 생략된 것이 드러나 문제화되었다.

▶ 사례 2: 보조금 편중 지원

전남의 한 시의원이 자신이 고문으로 있던 문화단체에 3년 연속 시비를 집중 지원하도록 예산 편성에 개입했다. 다른 단체와의 형평성 문제로 시민단체와 언론이 문제 제기, 이후 윤리위에 회부되었다.

▶ 사례 3: 수의계약 개입

충북의 한 군의원이 자신의 조카가 운영하는 업체에 체육시설 유지보수 계약을 몰아주도록 실무 부서에 수차례 권유했다. 감사 결과 내부 보고서에 '의원 요구사항'으로 기록된 정황이 드러났다.

이러한 사례들은 시의원의 행위가 형식적으로는 행정 협조처럼 보일 수 있지만, 실질적으로는 권력형 청탁이 될 수 있음을 보여준다.

사적 민원 개입의 문제점

사적 민원 개입은 여러 가지 이유로 위험하다.

첫째, 행정의 공정성과 투명성을 훼손한다.

둘째, 공무원에게 부당한 부담을 준다.

셋째, 타 시민의 기회와 권리를 침해한다.

넷째, 의원 본인에게 형사적·윤리적 책임이 발생한다.

무엇보다도 사적 민원은 지역 내에서 비공식적인 특혜 구조를 고착화시킨다. 이는 '어떤 민원은 의원과 연결되지 않으면 해결되지 않는다'는 인식을 만들고, 정치 불신을 확대시키는 요인이 된다.

법적·윤리적 책임

사적 민원 개입과 특혜 요구는 단지 윤리의 문제가 아니라, 법률 위반으로 처벌받을 수 있는 중대한 범죄가 되기도 한다.

이와 관련된 법률들은 다음과 같다.

- 「부정청탁 및 금품 등 수수의 금지에 관한 법률」(일명 김영란법)
- 「공직자의 이해충돌방지법」
- 「공직자윤리법」
- 「지방자치법」
- 「형법」상 직권남용죄, 업무방해죄
- 「공무원 행동강령」

실제로 김영란법은 '공직자에게 직무 관련 부당한 영향을 미치기 위한 요구' 자체만으로도 부정청탁으로 간주하여 처벌할 수 있도록 하고 있다.

윤리적으로도 시의원은 지방의회 윤리강령과 행동강령을 따라야 하며, 위반 시 윤리위원회의 징계(경고, 공개사과, 출석정지, 제명 등)를 받을 수 있다.

예방을 위한 제도적 장치

사적 민원 개입을 예방하기 위해서는 다음과 같은 제도적 장치가 필요하다.

첫째, 민원 접수 기록 공개 시스템. 의원실에서 접수된 민원의 처리 경과를 공개해야 한다.

둘째, 공무원 보호 규정 강화. 시의원의 부당 개입에 대한 공무원 대응 매뉴얼과 신고 시스템이 있어야 한다.

셋째, 이해충돌 공개 의무 강화. 시의원 본인·가족의 사업, 단체 관련 이력을 의무 공개해야 한다.

넷째, 의회 내 윤리감시 전담 기구. 외부 시민위원이 참여하는 윤리심사 강화가 이루어져야 한다.

무엇보다 중요한 것은 의원 개개인의 자기 통제와 청렴 의식이며, 제도는 그 보완책일 뿐이다.

시민의 감시와 언론의 역할

시민의 감시와 언론의 보도는 사적 민원 개입을 막는 중요한 방파제다. 특히 지역 언론과 시민단체가 다음의 역할을 수행해야 한다.

의정 활동 모니터링, 예산 집행 및 사업 배분의 편향성 분석, 정보공개 청구를 통한 계약·인허가 추적, 시민 제보를 바탕으로 한 취재 보도 등 역할이 필요하다.

의회가 언론을 부담스럽게 여겨서는 안 된다. 언론은 감시자인 동시에 협력자이며, 시민과 정치의 연결고리로서 소통의 창구이기도 하다.

청렴한 시의원이 지역을 바꾼다

시의원의 권한은 크지만, 그만큼 책임도 크다. 청렴하고 공정한 의정 활동은 시민의 정치에 대한 신뢰를 높이고, 지역 행정을 더욱 투명하게 만든다.

한 명의 청렴한 의원은 행정을 지키는 방패가 되고, 부당한 민원에 단호하게 거절하는 의원은 정치의 품격을 지키는 기준이 된다.

'누구를 위한 정치인가?'라는 질문 앞에, 사적 민원이 아닌 공익을 위한 행동으로 답할 수 있어야 한다.

시의원은
권한이 크지만, 그만큼 책임도 크다.
청렴하고 공정한 의정활동은
시민의 정치에 대한 신뢰를 높이고,
지역 행정을 더욱 투명하게 만든다.

31

이해충돌과
뒷거래의 유혹

공적 권한과 사적 이익의 경계선

지방의원은 공직자다. 동시에 생활인으로서 민간 활동과 가족 관계, 지역사회에서의 인간관계를 유지한다. 이러한 복합적 위치는 때로는 강점이지만, 때로는 심각한 딜레마를 낳는다. 그 딜레마의 핵심이 바로 '이해충돌(conflict of interest)'이다.

시의원이 사적인 이해관계와 공적인 의무가 충돌하는 상황에서 이를 회피하지 못하면, 그 행위는 단순한 비윤리를 넘어선 공공신뢰의 훼손이 된다. 이 장에서는 시의원의 이해충돌 개념과 실제 사례, 관련 법제도, 뒷거래의 실태, 이를 막기 위한 방안 등을 상세히 다룬다.

이해충돌이란 무엇인가?

이해충돌이란 '공직자가 직무를 수행하는 과정에서 자신의 사적 이익과 공익이 충돌하는 상황'을 말한다. 이러한 상황에서 객관적 판단이나 공정한 결정을 하기 어렵게 되며, 의정 활동의 신뢰성과 투명성이 손상된다.

이해충돌의 유형으로는 다음과 같은 네 가지가 대표적이다.

① 직접적 이해관계: 본인이 이해당사자인 사업이나 계약

② 가족 관련 이해관계: 배우자·직계가족이 운영하는 기업이나 단체

③ 지인 또는 전·현직 소속 단체: 전 근무지나 현재 겸직 중인 단체에 유리한 결정

④ 재산 관련 이해: 본인 소유 토지, 건물, 주식 등에 영향을 주는 정책

예를 들면, 시의원이 본인 소유의 땅이 포함된 도시개발구역 관련 조례를 심의하거나, 배우자가 이사로 있는 복지재단에 시비를 배정하는 결정을 내리는 경우 이해충돌에 해당된다.

실제 사례로 본 이해충돌

▶ 사례 1: 도시개발 정보 이용 부당 이익

한 시의원이 도시개발 관련 위원회 활동 중 획득한 내부정보를 활용해 본인 배우자 명의로 해당 구역 내 부동산을 매입했으며, 해당 부지는 도시개발사업 지구로 고시된 후 시세가 급등했다.

▶ 사례 2: 조례 심사와 가족 사업

복지 관련 조례 심사에서 한 시의원이 자녀가 근무하는 복지시설에 보조금 지원이 포함된 안건을 심사하고, 찬성 발언까지 했다.

▶ 사례 3: 겸직 금지 위반

한 시의원이 문화예술단체 대표를 겸직하고 있으면서 본인이 직접 단체 명의로 시의회에 행사 후원을 요청했다. 공무원은 의원의 이름 때문에 거절하지 못하고 예산을 집행했다.

이러한 사례들은 시의원이 자신의 이해관계를 정확히 판단하지 못하거나, 고의로 숨길 경우 어떤 문제가 발생하는지를 극명히 보여준다.

뒷거래의 유혹과 실태

'뒷거래'란 시의원과 민간, 혹은 시의원과 행정부 간의 비공식적 이익 교환을 말한다. 명확한 대가가 오가지 않아도, '눈감아주기'나 '편의 제공'의 형태로 이루어지기도 한다.

뒷거래의 형태는 다양하다. 몇 가지 예를 들면, 특정 업체 수의계약 유지를 조건으로 한 예산안 동의, 정책 질의 자제 또는 찬성을 조건으로 한 인허가 편의 제공, 보조금 심사에서 비판적 의원을 제외시키는 조건부 합의 등 상상을 초월한다.

이러한 뒷거래는 정치의 거래화를 의미하며, 결과적으로 시민의 알 권리와 공정 경쟁을 침해하게 된다.

제도의 한계와 보완 방향

이러한 뒷거래는 「부정청탁 및 금품 등 수수의 금지에 관한 법률」(일명 김영란법), 「공직자의 이해충돌방지법」, 「공직자윤리법」, 「지방자치법」, 「형법」, 「공무원 행동강령」 등의 법에 따라 제한된다.

그러나 법과 제도가 있음에도 불구하고 실제 적용에 한계가 있는데 그 이유는 다음과 같다.

첫째, 자기신고 의무에 의존한다. 의원 본인이 이해충돌 상황을 신고하지 않으면 파악이 어렵다.

둘째, 윤리위 운영이 소극적이다. 지방의회의 윤리위원회가 실질적 권한과 독립성을 확보하지 못한 경우가 많다.

셋째, 제재 수준이 미흡하다. 제명이 어려운 구조, 정치적 고려로 인해 실질 처벌을 회피하여 솜방망이 처벌에 그친다.

따라서 이해충돌 방지를 위한 보완책으로는 다음이 필요하다. 외부 시민감사관 또는 옴부즈만 제도의 강화, 이해관계 공개 및 회피 절차 의무화, 겸직 및 보조금 수령 단체에 대한 공시제도 정비, 윤리위 구성 시 민간 위원 비율 확대 및 위원 임기 보장 등이다.

시민의 역할: 감시와 견제

시민은 시의원의 이해충돌과 뒷거래 가능성을 인식하고, 다음과 같은 방식으로 감시할 수 있다.

첫째, 정기적인 재산 변동 내역 열람, 둘째, 의원 발의 조례와 개인 이해관계 비교 분석, 셋째, 이해충돌 상황에 대한 정보공개 청구, 넷째, 시민단체를 통한 의정활동 감시, 다섯째, 공익제보자 보호제도를 활용한 신고 등이다.

시민의 감시가 강화될수록, 정치의 투명성은 높아지고 시민이 주권자로서 권한을 행사할 수 있는 기반이 마련된다.

스스로 기준을 세우는 정치

그러나 제도와 감시보다 더 강력한 이해충돌 방지책은 시의원 개인의 윤리 의식과 자기통제다. 시민들은 시의원에게 이런 도덕성을 기대한다.

"이 사안에 대해 내가 공정하게 말할 수 있는가?"

"이 결정이 내 가족이나 지인에게 영향을 줄 수 있는가?"

"다른 시민이 이 사실을 알게 되었을 때, 납득할 수 있을까?"

이러한 질문을 스스로에게 던지며 판단하는 태도야말로, 진짜 정치인의 자격이다.

청렴 정치의 전제: 이해관계의 선 긋기

정치인은 인간관계를 끊을 수 없다. 그러나 공적인 역할을 수행하는 순간, 사적인 관계와 명확히 선을 긋는 태도가 필요하다.

첫째, 의회 회의에서는 사적 관계 언급을 자제해야 한다.

둘째, 가족과 지인이 연루된 사안은 발언과 표결에서 스스로 회피해야
한다.

셋째, 겸직 여부와 외부활동 내역을 사전 공개해야 한다.

이러한 실천은 단순한 규제 준수를 넘어, 시민의 신뢰를 기반으로 한
정치 리더십의 초석이 된다.

지방의원은
공직자이자, 동시에 생활인이라는 이런 복합적 위치는
때로는 강점이지만, 때로는 심각한 딜레마를 낳는다.
그 딜레마의 핵심이 바로 '이해충돌(conflict of interest)'이다.

32

회의 불참, 무성의,
발언 없는 시의원

침묵하는 시의원, 그 책임은 누구에게 있는가?

지방의회는 시민의 삶을 바꾸는 결정이 이루어지는 공간이다. 그 의회에 출석만 하고 아무 발언 없이 시간을 보내는 의원, 심지어 회의에 출석조차 하지 않는 의원이 있다면, 그 지역의 민주주의는 제대로 작동하고 있는 것일까?

시의원의 권한은 막강하지만, 그것은 시민의 위임에 의한 것이다. 시민은 자신을 대신해 의견을 말하고, 예산을 심사하며, 조례를 제정하라고 권한을 맡긴다. 그 위임을 회의 불참과 무성의로 되돌리는 시의원은 시민의 정치적 권리를 훼손하는 셈이다.

이 장에서는 '하지 않는 시의원들'의 실태, 원인, 그로 인해 발생하는 문제, 그리고 이를 개선할 수 있는 방안에 대해 분석한다.

회의 불참, 그 실태와 문제

의회 회의는 시의원의 가장 기본적인 책무다. 정례회, 임시회, 상임위원회, 특별위원회 등 여러 회의가 있지만, 일부 의원들은 고의적으로 회의에 불참하거나, 회의 중 자리를 이탈하는 경우도 있다.

회의 불참의 유형으로는 정당한 사유 없는 본회의 불참, 회의 중 무단 이탈 또는 지각, 상임위원회 회의 전후로만 '얼굴 도장' 찍고 이탈, 현장 감사, 행정사무감사 일정 외면 등 다양하다.

이의 문제점으로는 의결 정족수 부족으로 안건 상정 지연, 예산안, 조례안 등 심사의 부실화, 행정감사에서의 실효성 상실 등이 예견된다.

시민은 의원을 '선출'했지 '방관자'로 둔 것이 아니다. 회의 불참은 시민 대표의 책무를 방기한 것이며, 다른 성실한 의원들의 활동까지 폄하하는 결과를 낳는다.

무성의한 참여, 소극적 자세의 함정

출석만 한다고 모든 책임을 다하는 것은 아니다. 회의에 앉아 있으면서도 질의하지 않고, 발언하지 않고, 안건 검토도 하지 않는 시의원이 존재한다.

무성의의 실태를 보면, 전체 회기 중 한 마디도 하지 않는 '침묵형 의원'이 있는가 하면, 질의 없이 찬반 투표만 반복하는 '버튼형 의원', 행정사무감사에서 질문 없이 앉아 있다 퇴장하는 의원도 있다.

왜 그렇게 무성의한지 분석해 보면 원인은 다양하다.

첫째, 전문성 부족이다. 안건 이해 능력이 떨어지고 시 집행부 살림살이를 파악하지 못해서다.

둘째, 준비 부족이다. 시간과 노력을 기울여 집행부의 자료를 검토해야 하는데 준비를 하지 않은 것이다.

셋째, 정치적 회피일 수도 있다. 갈등을 피하려는 소극적 자세로 일을 하지 않고 가만히 있는 것이다.

넷째, 다선 특권의식일 수도 있다. "내가 뭐라도 말해야 하나"는 인식, 후배 의원들에게 떠넘기는 경우도 있다.

무성의는 회의의 형식만 유지하고, 본질은 방기하는 형태다. 이것은 결국 의회가 시민의 기대를 저버리고, 행정에 대한 견제를 포기하는 결과를 낳는다.

발언 없는 의원, 그 숫자와 영향력

지방의회 의정활동 보고서를 보면 회기 중 한마디도 하지 않은 의원이 적지 않다. 지방의회 정보공개청구 결과에 따르면, 일부 시의회에서는 전체 의원 중 20~30%가 회기 중 1회도 발언하지 않은 사례도 있다 한다.

시의원들이 의회 활동에서 발언을 하지 않으면 여러 가지 문제가 생긴다. 예를 들면, 지역 현안에 대한 의회의 입장 부재, 행정 견제의 실질적 기능 상실, 시민의 목소리 전달 통로 단절, 의회의 존재 이유에 대한 회의 확산 같은 문제가 생긴다.

그런 시의원들에 대한 시민의 인식은 매우 부정적이다. "무슨 일을 했는지 모르겠다." "왜 뽑았는지 후회된다." "시의원은 필요 없는 자리 아닌가."

이런 인식은 정치 혐오와 지방자치 무력감으로 이어진다. 시의원의 침묵은 개인의 문제를 넘어, 제도 전반에 대한 시민 신뢰를 흔드는 원인이 된다.

해외 지방의회 사례: 출석과 발언의 책임성

영국의 지방의회는 출석률과 발언 기록을 주민포털에 공개한다. 정기 브리핑과 뉴스레터로 주민과의 약속 이행 여부를 점검한다.

독일 시의회는 발언이 없는 의원은 위원회 배정 조정이 가능하다. 회의 불참이 연속될 경우 의장 권한으로 징계 요구도 가능하다.

이처럼 해외 지방의회는 출석과 발언을 단순 권리가 아닌 책임의 일부로 규정하고, 시민이 이를 직접 확인하고 판단할 수 있도록 제도화하고 있다.

국내 제도의 한계와 개선 과제

한국 지방의회에서는 아직 회의 불참이나 무성의에 대한 실질적 제재가 미약하다.

한계가 있다. 의원은 '성실의무'만 존재하고 강제 조항은 없다. 출석률·발언율은 정기적으로 공개되지 않는다. 또한, 의장단이나 윤리위가 소극적 태도를 보이는 경우가 다수다.

이를 개선하기 위한 과제로는 회의 출석률과 발언 횟수 공개 의무화, 의정 활동 평가제 도입(민간+공공 합동 운영), 무성의·불참에 따른 윤리위 권고 및 징계 확대, 선거공보물에 의정 활동 요약 공개 의무 부과 등이 가능할 것이다.

책임을 묻지 않는 구조에서는 아무도 책임지지 않는다. 의회를 의회답게 만드는 것은 제도적 장치와 시민의 감시다.

성실한 시의원이 지역을 바꾼다

질문하고, 분석하고, 정책을 제안하는 시의원은 지역을 바꾸는 원동력이다. 다음은 실제 성실한 의정 활동으로 시민들의 평가를 받은 사례다.

▶ 사례: A시 B의원

– 한 회기 5분 자유발언 12회, 조례 발의 7건, 주민 간담회 30회

– 출석률 100%, 행정사무감사 질의 건수 지역 1위

– SNS를 통한 의정 보고 정례화

이러한 의원들은 행정을 감시하면서도 시민의 신뢰를 얻고, 지방자치의 실질적인 발전을 이끌어내는 존재가 된다.

시민의 역할: 침묵하는 시의원을 기억하라

시민은 선거 때만이 아니라, 선거 이후에도 시의원을 평가하고 책임을 묻는 주체다.

그러므로 시민들이 시의원을 자극하고 일하도록 움직일 수 있다. 관심 가는 시의원에 대해서 회의록과 의정활동 보고서 열람, 출석·발언 내역 정기 확인, 주민 소환제 및 주민 감사 청구 활용, 시민단체 및 언론의 평가 보고서 참고 등을 통해 특정 시의원을 기억하고 활동을 자극할 수 있다.

또한, '무엇을 했는가'만큼이나 '무엇을 하지 않았는가'를 기억하는 것이 중요하다. 정치적 무책임은 시민의 무관심 속에서 자라난다.

스스로 묻는 질문: 나는 왜 이 자리에 있는가?

의정활동이란 스스로에게 질문을 던지는 과정이다. 아무것도 하지 않는 의원은 그 질문조차 하지 않는 사람이다.

"나는 오늘 회의에서 무엇을 말할 수 있는가?"

"나는 시민의 기대에 부응하고 있는가?"

"내가 지역을 위해 낸 결과는 무엇인가?"

이 질문에 답하려는 의원만이, 정치의 본질에 다가설 수 있다.

지방의회는
시민의 삶을 바꾸는 결정이 이루어지는 공간이다.
시의원의 권한은 막강하지만, 그것은 시민의 위임에 의한 것이다.
그 위임을 회의 불참과 무성의로 되돌리는 시의원은
시민의 정치적 권리를 훼손하는 셈이다.

33

시의원
윤리강령과 책임

윤리 없는 권한은 곧 권력의 남용이다

지방의회의 시의원은 시민의 대표자이자, 지역사회의 공직자다. 그들이 행사하는 권한은 곧 시민이 위임한 권한이며, 이 권한이 정당성과 신뢰를 갖기 위해서는 반드시 윤리라는 기반 위에 서 있어야 한다.

하지만 실상은 어떠한가? 일부 시의원은 사적 이익을 위해 공적 권한을 이용하고, 또 일부는 공공의 책임을 다하지 않으며, 회의 참석조차 제대로 하지 않는 현실이다. 이러한 문제들을 제도적으로 예방하고, 윤리적 기준을 명확히 하며, 필요시 책임을 묻기 위해 존재하는 것이 시의원 윤리강령과 행동강령이다.

이 장에서는 시의원 윤리강령의 의미, 주요 내용, 실제 작동 구조, 한계와 개선 과제, 시민의 역할까지 폭넓게 분석한다.

윤리강령이란 무엇인가?

윤리강령은 지방의회 의원이 지켜야 할 행동의 기준과 가치를 제시하는 공식적 선언이다. 단순한 선언문이 아니라, 의정활동 전반에서 판단 기준이 되고, 일정한 경우 책임을 물을 수 있는 근거가 된다.

윤리강령의 기능은 의정활동의 윤리적 판단 기준을 제시하고, 위법하지 않더라도 부적절한 행동을 예방하며, 징계 및 제재 기준의 근거를 제공하고, 시민의 기대와 요구에 부합하는 공직자상을 정립해 준다.

즉, 윤리강령은 '법의 테두리 밖의 비윤리'를 감시하는 도덕적 기준선이라 할 수 있다.

지방의회의 윤리강령 주요 내용

대부분의 기초지방의회는 「지방자치법」 제46조에 따라 자체적인 윤리강령과 행동강령을 제정하고 있다. 주요 내용은 다음과 같다.

첫째, 공정성과 청렴성. 부당한 영향력 행사 금지, 직위를 이용한 사적이익 추구 금지, 금품·향응 수수 금지 등을 규정한다.

둘째, 성실과 책임. 회의 참석 및 성실한 의정활동 의무, 시민 의견 경청과 주민 대표로서의 자세 유지 등을 규정한다.

셋째, 품위 유지. 품위 손상 행위(폭언, 막말, 차별, 비속어 등) 금지, 언론 및 SNS에서의 언행 자제 등을 규정한다.

넷째, 이해충돌 회피. 직무와 관련된 이해관계 발생 시 자진 회피, 겸직·외부 활동 사전 보고 등을 규정한다.

이러한 강령은 단순히 선언적 문장이 아니라, 지방의원이라는 공직자의 윤리적 정체성을 규정하는 핵심 틀이다.

행동강령의 실무적 적용

윤리강령이 가치 선언이라면, 행동강령은 보다 구체적인 실천 지침이다. 시의원이 실생활에서 마주치는 상황에서 어떻게 행동해야 할지를 구체적으로 규정한다.

행동강령은 이해충돌 상황에서의 회피 절차, 민원 개입 시 보고 및 기록의무, 외부 강연·기고 등 활동 시 사전 신고, 회의 불참 시 보고서 제출 및 정당한 사유 입증, 금품 수수 및 선물 수령 기준 설정 등을 규정한다.

이러한 행동강령이 실효성 있게 작동하려면, 의원 개개인의 숙지와 실천, 그리고 윤리위원회의 적극적인 운영이 전제되어야 한다.

윤리위의 역할과 운영 구조

지방의회에는 윤리강령 위반 시 징계를 심사하고 결정하는 윤리특별위원회가 존재한다. 이 위원회는 시의회 내부에서 구성되며, 위반 사실을 조사하고 징계 수위를 결정한다.

윤리위가 가진 권한은 강령 위반 행위에 대한 조사 및 심의, 징계 권고 및 본회의 상정 등이다. 징계 수위는 경고, 공개사과, 출석정지, 제명 등 사안에 따라 다르다.

윤리위 운영상의 과제로는 위원 구성의 공정성 확보(소속 정당별 안배), 시민이 납득할 수 있는 기준과 절차, 징계의 실효성과 일관성 확보 등이 있다.

현재 윤리위는 '동료 의원이 동료를 심사하는 구조'라는 점에서 실효성에 대한 의문도 제기된다. 윤리위의 외부 위원 참여 확대, 시민참여형 감시제도 도입 등이 보완책으로 제시되고 있다.

윤리 위반 사례와 징계 실태

▶ 사례 1: 폭언과 막말

A시의회 B의원은 본회의 중 동로 의원에게 인격모독성 발언을 해 논란이 되자, 윤리위에 회부되어 '공개 사과' 징계를 받았다.

▶ 사례 2: 출석 거부와 회의 방해

C시의회 D의원은 회기 중 반복적으로 본회의에 불참하고, 회의 진행을 방해하는 언행을 일삼아 '출석 정지 5일' 징계를 받았다.

▶ 사례 3: 사적 민원 개입

E시의회 F의원은 친인척의 사업에 브당하게 개입했다는 시민단체의 고발로 윤리위에 회부, '경고 및 행동강령 재교육 이수' 징계를 받았다.

이처럼 징계가 존재하긴 하지만, 그 강도나 빈도는 아직도 부족하다. 실제로는 징계보다 정치적 타협이 앞서는 경우가 많고, 징계 이후에도 동일한 행동을 반복하는 경우도 발생한다.

윤리강령이 작동하지 않는 이유

실효성이 없는 윤리강령은 '종이 선언'에 불과하다. 그 이유는 다음과 같다.

첫째, 징계 권한이 약하고, 절차가 정치화되어 있다.

둘째, 윤리교육의 형식화 때문이다. 연 1회 형식적 교육에 그친다.

셋째, 의정 활동 정보가 시민에게 다 공개되지 않는다.

넷째, 무관심한 유권자와 언론의 감시력이 부족한 때문이다.

윤리강령이 실효를 가지기 위해서는 제도적 개선과 함께, 정치문화와 시민 인식의 변화가 필요하다.

윤리를 실천하는 시의원의 조건

진정한 윤리 의식을 가진 시의원은 다음과 같은 행동을 실천한다.

회의에 빠지지 않고, 성실하게 발언하고 질의한다. 공무원에게 사적 편의를 요청하지 않는다. 보조금이나 사업 집행 과정에서 이해관계를 회피한다. SNS 등에서도 품위 있는 언행을 유지한다. 시민과의 약속을 정기적으로 보고한다.

윤리는 특정한 순간에 발휘되는 것이 아니라, 의정 활동 전반에 녹아든 태도이자 습관이다. 청렴하고 성실한 의원은 시민의 신뢰를 얻을 뿐 아니라, 지역 정치의 수준을 끌어올리는 주역이 된다.

시민이 윤리를 강화하는 힘이다

윤리강령의 실효성은 시민의 감시와 책임 요구에서 나온다. 다음과 같은 시민의 참여가 윤리문화의 정착에 기여한다. 윤리강령 위반 의혹 제보, 지방의회 회의록 열람 및 모니터링, 시민 감사 청구 및 주민 소환제 활용, 지역 언론을 통한 지속적 보도 요청, 의정 활동 평가 시민단체 참여 등.

윤리적 정치는 윤리적인 시민이 만들어낸다. 무관심은 가장 큰 동조임을 기억해야 한다.

제9부

유권자와 소통하는 선출직 공무원

34

시민과의 소통 방식:
경청과 응답

소통은 선택이 아니라 책임이다

지방의회 의원이자 시민의 대표자인 시의원에게 소통은 단지 선거운동을 위한 전략이나 이미지 관리 수단이 아니다. 그것은 시민과의 신뢰 관계를 형성하고 유지하는 본질적인 정치적 책임이다.

시민들은 다양한 문제와 요구를 안고 살아간다. 도로의 파손, 육아시설의 부족, 공원의 조명, 불합리한 행정 절차 등 일상의 모든 영역이 정치와 맞닿아 있다. 이 목소리를 듣고 이해하며, 이를 시정과 정책에 반영하는 과정이 바로 시의원이 해야 할 핵심 역할이다.

이 장에서는 경청과 응답이라는 소통의 두 축을 중심으로, 시의원이 시민과 효과적으로 소통하는 구체적 방식, 그 실천 기술, 그리고 책임의 의미에 대해 깊이 있게 살펴본다.

경청: 듣는 것 이상의 책임

경청은 단순히 '듣는 것'이 아니다. 시민의 말을 무시하지 않고, 왜 그런 말을 하는지 배경과 맥락까지 이해하려는 태도다. 그것은 문제를 해결하려는 출발점이자, 시민이 신뢰를 느끼는 첫 단추다.

다음과 같은 것이 경청의 기본 태도다.

첫째, 말을 끊지 않고 끝까지 듣는다.

둘째, 고개를 끄덕이며 반응하고, 적절한 감탄사로 공감을 표현한다.

셋째, 요점을 되짚어주며 정확히 이해했는지 확인한다("이 말씀이시죠?").

넷째, 감정에 대한 반응도 함께 표현한다("많이 불편하셨겠어요").

경청은 기술이자 훈련이다. 민원 현장에 나갔을 때, 의견을 수렴하는 토론회에서, 청소년과의 간담회 자리에서, 시의원이 어떤 자세로 경청하는지를 시민은 민감하게 느낀다.

경청은 곧 정치적 신뢰의 시작이며, 진정성 있는 소통의 핵심 기반이다.

시민의 말은 단순한 불만이 아니다

많은 시의원들이 시민의 민원을 '불만의 표현'으로만 받아들이곤 한다. 그러나 시민의 말은 그 자체가 사회 시스템의 한계와 행정의 빈틈을 드러내는 신호이며, 때로는 정책적 상상력의 단서가 된다.

예를 들어, 초등학교 인근의 통학로 안전 문제 제기는 단순한 도로 보수 요청이 아니라, '어린이 보호구역 전반의 관리 체계'나 '스쿨존 내 예산 배분 기준'까지 확장할 수 있는 의제다.

시민의 한마디를 듣고도, 그 말을 어떤 프레임으로 받아들이고, 어디까지 확장해 사고하는지에 따라 시의원의 전문성과 역량은 갈린다.

응답: 말뿐 아닌 행동으로의 연결

시민이 말한 것을 그냥 흘려보낸다면, 그것은 듣지 않은 것이나 다름 없다. 경청 이후에 반드시 필요한 것이 '응답'이다. 응답은 약속이고, 신뢰이며, 정치의 실천이다.

좋은 응답이란 무엇일까?

첫째, '해결 여부'보다 '진행 상황'에 대해 설명한다.

둘째, 바로 해결할 수 없을 때는 사유와 제약 조건을 명확히 안내한다.

셋째, 중간 경과를 수시로 공유하며, '지켜보고 있다'는 메시지를 꾸준히 준다.

넷째, 시민의 언어로 매우 쉽게 설명하고, 기술 용어나 법률어 사용을 자제한다.

응답 없는 소통은 무책임한 듣기다. 시의원이 '한 번만 만나는 사람'이 아니라, 꾸준히 반응하고, 피드백을 주는 관계 맺는 사람으로 인식되어야 한다.

소통의 방식: 다층적이고 맞춤형이어야 한다

시민은 하나의 목소리를 가진 존재가 아니다. 세대, 계층, 지역, 이해관계마다 그 말투와 언어, 소통 방식이 다르다. 따라서 시의원의 소통도 다층적이어야 한다.

세대별 소통 방식이 다른 점에 유의해야 한다. 청년들은 인스타그램, 유튜브 쇼츠, 카카오톡 오픈채팅, 온라인 설문 등을 잘 활용한다. 중장년층은 지역신문 칼럼, 주민설명회, 지역카페 커뮤니티, 카카오톡, 밴드 등을 잘 활용한다. 그리고 노년층은 경로당 방문, 종이 안내문, 마을 방송, TV 등을 잘 활용한다.

주제별 소통 공간도 다르다. 예산 공청회, 도시계획 간담회, 교육정책 주민토론회 등 사안별로 시민을 초대하는 구조가 필요하다.

상시형 소통 채널도 필요하다. 주기적인 '의원카페' 운영, 지역 사무실 개방형 민원 상담, SNS를 통한 실시간 문의창구 운영 등 여러 채널을 고려해야 한다.

시민이 '찾아가지 않아도 되는', 시의원이 먼저 다가가는 소통 구조가 중요하다. 정치인은 '말하는 사람'이 아니라, 먼저 '듣는 사람'이어야 한다.

소통은 감정의 공명이다

정치적 소통은 단지 정보의 교환이 아니다. 그것은 감정의 공명이다. 시민은 시의원이 자신의 문제에 '감정적으로 반응'하는지를 본다.

"그 일은 정말 답답하셨겠네요."

"그런 상황이었다면 저라도 화가 났을 것 같아요."

이 한마디가 불만을 진정시키고, 대화의 가능성을 열고, 시민이 '이 사람은 내 편이구나'라고 느끼게 만든다. 정치는 이성의 기술이지만, 소통은 감정의 기술이다.

말보다 중요한 건 태도다

시민은 시의원의 '언어'보다도 '말하는 방식'에서 더 많은 것을 읽는다. 눈을 맞추고 있는지, 공손하게 대하고 있는지, 말을 들어주는지, 핸드폰을 보며 건성으로 있는지.

태도는 모든 메시지를 압도한다. 아무리 좋은 말을 해도 불성실한 태도는 진심을 전달하지 못한다.

또한 소통은 단발적인 이벤트가 아니라, 꾸준한 관계 맺기의 과정이다. 한 번 잘 응답해도, 이후 방치하면 시민은 더 큰 배신감을 느낀다. 시의원은 '의정활동을 설명하는 사람'이 아니라, 시민이 스스로 참여했다고 느끼게 해 주는 사람이어야 한다.

소통이 바꾼 행정 사례

▶ 사례 1: 주민 제안에서 조례 제정까지

지방 소도시 한 시의원이 주민으로부터 '공공시설 내 생리대 비치'를 제안받고, 여러 시민단체 및 보건소와 협의하여 조례 초안을 만들고 발의했다. 본회의 통과 후, 10여 개 공공기관에 비치가 시작되었다. 이는 경청과 응답, 그리고 제도화를 통해 시민의 요구가 실제 행정으로 연결된 사례다.

▶ 사례 2: 실시간 소통으로 인한 안전 확보

한 도시의 모 아파트 단지의 조명 고장 민원을 SNS를 통해 접수한 시의원이, 관련 부서와 연결하여 당일 조치를 했다. 조치 이후 문제 해결 과정을 상세히 게시하여 주민들로부터 "믿을 수 있는 의원"이라는 평가를 받았다. 실시간 반응이 신뢰를 형성하는 지름길임을 보여주는 사례다.

소통은 정치의 본질이다

정치는 단지 결정하고 추진하는 것이 아니라, 이해시키고 설득하며, 함께하는 과정이다. 시민과의 소통은 정치의 부수적 기능이 아니라, 정치의 본질적인 행위다.

경청은 시민의 문제를 나의 문제로 받아들이는 마음이다. 응답은 시민의 요구에 대해 책임 있게 반응하는 자세다. 소통은 시민을 통치의 대상이 아닌 정치의 동반자로 인식하는 과정이다.

이런 소통의 정치를 할 수 있는 시의원이 많아질 때, 지방정치는 '관료주의적 통치'가 아닌 시민 참여형 공동체 정치로 발전하게 된다.

정치는 단지 결정하고 추진하는 것이 아니라,
이해시키고 설득하며, 함께하는 과정이다.
시민과의 소통은 정치의 부수적 기능이 아니라,
정치의 본질적인 행위다.

35

SNS 시대의
소통 전략

디지털 시대, 정치도 달라져야 한다

스마트폰이 일상이 되고, 시민이 손안의 디지털 공간에서 정보를 얻고 의견을 나누는 시대. 시의원의 소통 방식도 전통적인 간담회, 유인물 배포, 현수막 중심에서 SNS와 온라인 플랫폼 중심으로 전환되고 있다.

SNS는 더 이상 젊은 세대만의 전유물이 아니다. 이제는 중장년층도 카카오톡 채널, 유튜브, 지역 페이스북 그룹 등에서 활발히 활동한다. 정치인이 이러한 흐름에 뒤처지지 않고 디지털 공간에서 시민을 만나는 전략을 갖추는 것은 선택이 아니라 생존의 문제다.

이 장에서는 SNS를 중심으로 한 온라인 소통의 구체적인 전략, 주의해야 할 점, 실천 사례와 윤리적 기준까지 살펴본다.

왜 SNS가 중요한가?

과거에는 시민이 정치인을 직접 만나거나 언론을 통해서만 정보를 접할 수 있었다. 그러나 지금은 정치인이 시민에게 직접 다가갈 수 있는 통로가 열려 있다.

SNS의 정치적 효용성은 매우 크다.

첫째, 정보 전달의 신속성. 긴급한 공지나 현장 상황을 즉시 신속하게 전달 가능하다.

둘째, 접근성과 확산성. 멀리 있는 시민, 다양한 세대와 실시간 연결이 가능하다.

셋째, 쌍방향 소통. 댓글, 메시지를 통한 피드백과 민원 수렴이 가능하다.

넷째, 이미지 형성. 일상의 모습과 철학을 보여주며 신뢰를 잘 형성할 수 있다.

SNS는 말 그대로 정치인의 '디지털 인격'을 보여주는 공간이며, 시민과 관계를 맺는 '또 하나의 지역구'이다.

플랫폼별 전략: 어디서, 어떻게 말할 것인가?

SNS라 해도 플랫폼마다 특성이 각각 다르다. 그에 따라 전략도 달라야 한다.

첫째, 페이스북은 지역 밀착형 홍보에 매우 효과적이다. 사진과 간단한 글 조합으로 친근한 이미지를 형성할 수 있다. 지역 커뮤니티와의 연결이 용이하다.

둘째, 인스타그램은 시각적 콘텐츠(행사, 활동 사진, 짧은 영상) 중심으로 짧은 글과 해시태그를 활용한 감성적 접근이 가능하다.

셋째, 유튜브는 정책 설명, 의정 브이로그, 시민 간담회 영상 등으로 활용 가능하다. 1인 미디어 형식의 진정성 있는 전달 방식에 주목해야 하며, 라이브 방송을 통한 현장감 있는 소통도 가능하다.

넷째, 카카오톡 채널은 지역 주민과의 1:1 소통, 알림톡 형식으로 민원 응대와 행사 알림 기능, 단체카톡방을 활용한 커뮤니티 운영도 가능하다.

다섯째, 블로그·뉴스레터는 의정활동을 정리해서 깊이 있게 설명하는 공간, 정책적 입장과 배경 설명을 제공하는 채널로 활용 가능하다.

정치는 타이밍의 예술이고, SNS는 그 타이밍을 실현하는 도구다. 각각의 플랫폼을 목적과 대상에 맞게 조합하는 것이 효과적이다.

콘텐츠 전략: 무엇을, 어떻게 보여줄 것인가?

무슨 콘텐츠를 어떻게 보여줄 것인가가 중요한데 콘텐츠의 유형은 몇 가지로 구분할 수 있다.

첫째, 정보성 콘텐츠는 "이번 주 시의회 일정", "조례 통과 소식", "지역 공사 현황" 등 실용적인 정보를 제공하면서 동시에 정책의 배경 설명도 포함하여 유익함을 제공할 수 있다.

둘째, 참여형 콘텐츠는 "시민에게 묻습니다", "투표해주세요", "민원 접수 중" 등 상호작용을 유도하는 콘텐츠로, 구독자 댓글 참여 등을 유도하며 공동체의식, 동류의식을 형성할 수 있다.

셋째, 인간적인 콘텐츠는 현장 방문, 행사 뒷이야기, 가족과의 일상 등 '사람 냄새나는' 이야기를 다루는 것이다. 지나치게 연출되지 않은 자연스러운 영상과 글로 호응을 얻을 수 있다.

넷째, 정기 콘텐츠로 "○○의회 뉴스", "주간 보고", "한눈에 보는 ○○시정" 등 일정한 포맷과 주기를 유지하면 시민의 신뢰도가 높아질 수 있다.

SNS는 콘텐츠의 질과 지속성이 생명이다. 보여주기식 게시물보다, 일관된 메시지와 정체성을 담은 콘텐츠가 더 큰 파급력을 가진다.

시민과의 상호작용: 듣고, 반응하라

SNS는 단방향 홍보가 아니다. 시민은 단순한 정보 수신자가 아니라, 정치적 의사소통의 동반자가 되어야 한다.

상호작용의 기본 원칙으로는 다음과 같은 것들이 있다.

첫째, 댓글에 성실히 답변한다. 이름 없이 남긴 의견에도 책임감 있게 반응하는 것이다.

둘째, 메시지 응대 시간을 설정한다. 빠른 응대보다는 꾸준한 응대가 더 중요하다.

셋째, 비판적 댓글에도 존중의 언어로 답변한다. 반박보다 설명 중심 응대가 필요하다.

댓글 하나에도 성실히 응답하는 의원은, 그 자체로 '신뢰할 수 있는 사람'이라는 인상을 남긴다.

주의해야 할 SNS 실수들

SNS는 강력한 도구이지만, 잘못 쓰면 치명적인 오해와 비판의 소지가 되는 양날의 검이기도 하다.

흔한 실수 유형으로는 정치적 중립성을 지켜야 할 공무원과의 사적 사진을 노출하는 것, 특정 정당 홍보성 게시물 반복 노출로 편파성 비판을 받는 것, 민감한 정책 사안을 SNS 여론에 따라 즉흥적으로 발표하는 것, 경솔한 말투나 감정적인 대응으로 불필요한 논란을 유발하는 것 등이다.

SNS는 '일기장'이 아니라, '공적 발언의 장'임을 항상 염두에 두어야 한다. 한 줄의 문장, 한 장의 사진이 수많은 해석과 반응을 낳는다.

SNS 활동의 윤리와 책임

정치인의 SNS 활동은 법적·윤리적 책임을 동시에 수반한다. 단순한 개인 계정이라 하더라도, 선출직 공직자의 언행은 모두 공적 발언으로 간주될 수 있다.

따라서 SNS 활동에서도 윤리적 원칙을 지켜야 한다. 사실 확인 없는 정보 공유 금지, 허위 과장 광고성 게시물 금지, 상대방 비방·비꼬기·조롱 금지, 사적인 감정을 공적 메시지에 투영하지 않기 등의 원칙을 지켜야 한다.

특히 선거 기간이나 예산 관련 민감한 사안에서는, SNS에서의 언행 하나로 법적 다툼이나 명예훼손, 공직선거법 위반 등으로 번질 수 있음에 유의해야 한다.

SNS는 관계의 시작이다

SNS는 시민과의 '관계 맺기'의 출발점이다. 이를 통해 시민은 시의원을 더 가깝게 느끼고, 정치에 관심을 갖게 되며, 더 나아가 시정 참여자로 성장할 수 있는 연결고리가 된다.

좋은 SNS는 단순한 정보 전달을 넘어서, 다음과 같은 효과를 가져온다. 시민 참여 확대, 정책 수용성 향상, 정치 신뢰 회복, 의원 개인에 대한 긍정적 브랜드 형성 등.

"진심은 통한다"는 말처럼, SNS에서도 진정성은 드러나기 마련이다. 지속적인 관심, 성실한 응대, 투명한 태도가 시민의 마음을 움직인다.

SNS로 신뢰를 얻은 시의원 사례

한 지방도시 시의회 의원은 매주 의정 활동을 1분 내외의 짧은 영상으로 요약해 올리는 '의정 한 컷' 시리즈를 운영하여 시민들로부터 "간결하고 알기 쉬운 설명", "언제나 보고 있다"는 댓글을 꾸준히 받고 있다.

또 다른 시의회의 한 의원은 아침마다 출근길 민원 접수 라이브 방송을 운영하는데, 시청자 수는 많지 않지단, 고정 시청자들이 '정말 현장에서 만나는 느낌'이라며 좋은 반응을 얻고 있다.

이처럼 SNS는 '바로 반응하는 정치', '곁에 있는 정치'라는 인식을 심어줄 수 있는 훌륭한 도구다.

36

공청회, 간담회,
정책토론회의 중요성

시민 참여의 현장, 공개토론의 의미

지방자치는 시민의 참여 없이는 완성될 수 없다. 그 참여의 대표적인 방식이 바로 공청회, 간담회, 정책토론회다. 이들은 시민이 단순히 '정책 대상자'가 아니라, 정책의 공동 설계자, 감시자, 평가자로 역할하는 공간을 마련한다.

시의원에게 이러한 공개 참여 방식은 단지 의무 사항이 아니다. 시민과 신뢰를 형성하고, 정책의 정당성을 확보하며, 더 나은 행정 결정을 이끌어 내는 소통의 플랫폼이다. 이 장에서는 공청회, 간담회, 정책토론회의 개념과 차이, 실제 운영 방식, 법적 기반, 한계와 발전 방향까지 폭넓게 고찰한다.

세 가지 참여 구조의 특징 비교

첫째, 공청회는 제도화된 의견 청취 공간이다. 법령이나 조례에 따라 의무적으로 실시해야 하는 경우가 많다. 주로 개발, 환경, 도시계획 등 중대한 사안에 대해 개최한다. 사전에 공고하고, 의견 진술 및 질의응답 과정을 거친다.

둘째, 간담회는 비공식적이고 유연한 대화의 장이다. 지역 주민, 전문가, 공무원 등과 자유롭게 의견 교환을 한다. 현안 중심, 쟁점 이슈 중심으로 신속하게 구성이 가능하다. 발언자 제한이 덜하고 친근한 분위기 속에서 운영 가능하다.

셋째, 정책토론회는 사안 중심의 공개적 논의 구조다. 의제에 대해 찬반 혹은 다양한 관점의 논쟁을 유도한다. 주제 전문가, 관계 공무원, 시민 대표 등이 초청된다. 언론 보도, 회의록 공개 등으로 투명성을 강화할 수 있다.

이 세 가지는 서로 보완 관계에 있다. 간담회로 문제를 발견하고, 공청회에서 입장을 수렴하고, 토론회로 정책 대안을 논의하는 단계적 활용이 바람직하다.

법적 근거와 제도적 틀

공청회는 「행정절차법」, 「국토계획법」, 「환경영향평가법」 등에서 명시된 절차이기도 하다. 예를 들어, 도시계획 변경 시 지방자치단체는 반드시 공청회를 거쳐야 하며, 주민 의견 수렴 기록을 문서화해야 한다.

전국 기초 지자체의 다수가 조례 제정 또는 개정 과정에서 공청회를 실시하고 있지만, 일부 지자체는 내용상 실질적으로는 '형식적 개최'에 그쳤다는 평가를 받는다.

정책토론회와 간담회는 법적 강제력은 약하지만, 「지방자치법」 개정으로 인해 지방의원이 주관하는 공개 토론회가 의정활동의 정당한 범위로 명확히 포함되었으며, 예산 사용도 가능해졌다.

대도시와 중소도시의 운영 차이

대도시에서는 전문가와 시민단체의 참여도가 높고, 다양한 의제에 대한 경험이 축적된다. 그러나 '참여자가 고정적이고 특정 계층에 편중되는 문제'도 발생한다.

중소도시 및 군 단위에서는 토론문화가 덜 활성화되어 시민 참여율이 낮고, 간담회가 주민 민원 전달 창구로만 활용되는 경향이 있다. 특정 인물 중심의 운영으로 비판받기도 한다.

이에 따라 운영 방식과 홍보 전략, 피드백 시스템 등을 지역 여건에 맞게 설계할 필요가 있다.

참여를 이끄는 기획과 운영의 기술

단지 행사를 여는 것만으로는 시민의 참여를 이끌어낼 수 없다. 다음과 같은 기획 전략이 필요하다.

첫째, 홍보의 다양화가 필요하다. SNS, 지역 커뮤니티, 학교, 종교기관 등 다양한 경로로 행사 소식을 전파해야 한다. '나와 관련된 이야기'임을 강조하는 제목과 안내문이 필요하다.

둘째, 시간과 장소를 잘 고려해야 한다. 퇴근 후 저녁 시간대, 주말 오전 등 시민 참여가 용이한 시간을 선택해야 한다. 시청 대회의실이 아닌, 읍면동 주민센터, 도서관, 학교 강당 등 생활권 내 장소를 활용하는 것도 효과적일 수 있다.

셋째, 자료의 가독성이 좋아야 한다. 공청회 배포자료를 법률 용어 중심이 아닌 인포그래픽, 요약본, 질의 가이드 등으로 구성하여 이해하기 쉽게 만들어야 한다.

넷째, 중립적 사회자와 질의 시스템이 필요하다. 특정 입장을 대변하지 않는 사회자 선임이 필요하다. 또 사전 질의 수집, 현장 메모 질문, 발언 기회 균등 보장 등 운영의 지혜가 필요하다.

이러한 전략은 참여의 '문턱'을 낮추는 데 핵심적인 역할을 한다.

성과 있는 참여로 가기 위한 3단계

첫째, 경청 단계에서는 다양한 의견을 수집하고 충돌되는 입장도 정리해야 한다.

둘째, 해석 단계에서는 행정, 의회, 전문가가 시민 의견을 분석하고 공공성 기준으로 정리해야 한다.

셋째, 반영 단계에서는 의정활동, 조례안 작성, 예산 조정, 정책 설계에 실질적으로 반영해야 한다.

단지 "시민 의견을 들었다"에 그치지 않고, 어떻게 반영하고 변화시켰는지를 공개적으로 설명하는 후속 조치가 중요하다.

현장의 목소리: 참여자의 체감 사례

"공청회에 처음 갔는데, 내가 말한 의견이 실제로 의회 회의록에 반영되어 있었다. 그때 처음으로 '시의원이 우리 얘기를 듣고 있구나' 싶었다."

"주민센터에서 열린 간담회에서 제안한 등굣길 횡단보도 신호 시간 조정이 다음 달 실제 변경되었다. 말이 현실이 되는 것을 처음 경험했다."

이러한 사례는 시민 참여가 단지 형식이 아니라, 체감 가능한 행정 변화로 이어질 때 얼마나 큰 감동과 신뢰를 줄 수 있는지를 보여준다.

문제점과 개선 방향

공청회, 간담회, 정책토론회 등을 할 때 자주 나타나는 문제점이 있다. 사실상 운영의 묘를 잘 살리지 못해서 그런 현상이 나타나기도 한다.

예를 들어 참여자의 편중(단체 관계자, 일부 민원인 중심) 문제, 발언 기회의 불균형(권위자 위주 진행) 문제, 피드백 부재(의견 제출 후 결과 안내 없음) 문제 같은 것들이다.

이를 개선하기 위해서는 여러 노력이 필요하다. 무기명 사전 질문 시스템 도입, 토론회 종료 후 의견 요약본과 후속 조치 계획 발표, 공청회 결과와 의회의 공식 입장 비교 공개 등 적절한 조치를 강구할 수 있다.

공청회가 민주주의를 확장한다

공청회와 토론회는 단순한 정책 설명회가 아니다. 그것은 시민이 정치를 경험하는 현장이며, 정치가 권력이 아니라 설득과 합의의 과정임을 보여주는 민주주의의 실천 무대다.

시의원에게 그것은 지역 유권자와의 관계를 깊이 있게 구축하는 기회이며, 의정 활동의 정당성과 지속 가능성을 확보하는 기반이다.

지방자치는 시민의 참여 없이는 완성될 수 없다.
그 참여의 대표적인 방식이 바로 공청회, 간담회, 정책토론회다.
이들은 시민이 단순히 '정책 대상자'가 아니라,
정책의 공동 설계자, 감시자, 평가자로 역할하는 공간을 마련한다.

37

민원을
정책으로 바꾸는 역량

민원은 불평이 아니라 정책의 씨앗이다

지방자치의 핵심은 시민의 삶 속 문제를 정치가 해결하는 것이다. 그리고 그 문제들은 대부분 '민원'이라는 형태로 시의원에게 다가온다.

전신주 이전 요청, 상가 앞 불법주차 단속, 골목길 조명 설치 같은 일상적인 민원은 그 자체로 보면 소소해 보이지만, 잘 들여다보면 제도적 사각지대, 행정 서비스의 불균형, 법령과 현실의 간극을 드러내는 신호다.

민원을 듣고 단순히 담당 부서에 전달만 하는 '중계자'가 아니라, 이를 정책화하고 제도화할 수 있는 시의원이 진짜 일 잘하는 시의원이다.

이 장에서는 그 과정을 어떻게 설계하고 실행할 것인지를 구체적으로 살펴본다.

민원을 정책화하는 4단계 흐름

민원이 정책으로 바뀌기 위해서는 다음과 같은 단계가 필요하다.

① 1단계: 민원 수렴. 상담, 전화, SNS, 현장방문, 공청회 등 다양한 경로에서 의견를 접수한다. 반드시 시기, 위치, 발언자, 주요 요청 내용 등을 기록하고 정리해야 한다.

② 2단계: 민원 분석. 단순한 개인 불만인지, 구조적인 문제인지 파악해야 한다. 법률, 조례, 예산, 유사사례 검토를 한다. 관련 부서와 사전 질의·의견 교환을 한다.

③ 3단계: 정책 구상. 해당 민원의 해소를 위한 대안 시나리오를 작성한다. 예산 반영 여부, 조례 제정 도는 개정 필요성 검토를 한다. 관련 전문가, 공무원, 이해당사자와 비공식 간담회를 갖는다.

④ 4단계: 공식화 및 실행. 조례 발의, 행정사무감사 질의, 본회의 안건 상정 통해 말한다. 예산요구 또는 예산 심의 중 수정안을 제시한다. 공청회 또는 언론보도 등을 통해 공론화한다.

이런 단계를 거치면서 시의원은 민원을 정책으로 변환시켜야 한다. 민원이 '의정활동의 연료'가 되어야 한다.

민원 정책화의 가능한 사례

▶ 사례 1: 주차 갈등이 조례로

한 시의원은 노후주택 지역에서 반복되는 이웃 간 주차 분쟁 민원을 수렴해, 일정 구역 이상 노상주차를 금지하고 CCTV 설치를 의무화하는 조례를 발의. 해당 조례는 시의회에서 통과되어 이후 유사 분쟁 발생률이 30% 이상 감소했다.

▶ 사례 2: 어린이 놀이터 안전점검 체계화

보호자가 올린 SNS 민원을 통해 놀이터 기구의 안전 문제가 제기되었다. 시의원이 이를 받아 관련 조례를 개정, '연 2회 이상 안전점검, 점검결과 주민 고지'를 의무화하였다.

이처럼 작은 불편의 목소리가 제도로 전환될 때, 시민은 정치에 신뢰를 갖고, 의원은 의정의 보람을 느낀다.

민원을 놓치는 의원들의 특징

시민들이 시의원에게 민원을 이야기해도 바뀌는 것이 없는 경우가 많다. 민원을 놓치는 의원들의 특징이 있다.

그 원인은 다양하다. 민원을 '귀찮은 일'로 여기거나, 집행부에 단순 전달 후 결과 추적을 하지 않는 경우도 있을 수 있다. 기록이나 통계를 남기지 않아 유사 민원 대응이 어려운 경우도 있고, '선심성 민원'에만 집중하고 구조적 문제는 회피하는 경우도 있다.

이런 의원은 결국 민원인에게도, 행정기관에게도 신뢰받지 못한다.

좋은 민원 대응은 어떻게 설계되는가?

첫째, 시스템화된 기록 관리다. 민원 접수와 결과 추적을 위한 엑셀 또는 전용 DB 활용도 가능하다. 민원 유형별, 행정부서별, 지역별 분류를 해서 관리하며 효과적이다.

둘째, 피드백 체계 구축이다. 처리 완료 여부를 반드시 민원인에게 통보하고, 중간 경과나 지연 사유를 설명해야 한다. 반복되는 민원에 대한 Q&A, 리플렛 제작 등 사전 안내도 중요하다.

셋째, 연계된 의정 활동을 파악한다. 행정사무감사 시에 민원 대응 내역을 확인하고, 시정 질문 시 사례로 인용하며, 조례안 기초자료로 활용할 수 있다.

이런 프로세스를 갖춘 의원은 행정과 시민 사이를 유기적으로 연결하는 '정책 통로' 역할을 하게 된다.

민원은 숫자가 아니라 의미다

민원을 많이 받았다고 해서 성실한 것은 아니다. 중요한 것은 그 민원이 '무엇을 말해주고 있는가'를 읽어내는 통찰력이다.

만약 같은 사안이 반복된다면 행정 시스템에 구조적 문제가 있는 것이며, 특정 지역에서만 발생한다면 지역 격차의 신호일 수 있고, 소수의견처럼 보여도 약자에 대한 정책 배려가 부족한 상황일 수 있다.

정치인은 데이터가 아닌 해석을 통허서 민원을 정책으로 승화시켜야 한다.

대도시 vs. 중소도시 민원 유형 차이

도시 규모에 따라 민원 유형에 차이가 있을 수 있다.

대도시의 경우 복합 민원(교통＋안전＋복지 복합)이 많고, 다문화·청년세대 민원이 많다.

소도시, 도농복합도시의 경우 인프라 부족 관련 민원이 많고, 농촌·고령층 대상 행정 사각지대 민원도 많다.

따라서 민원 정책화 전략도 지역 특성에 따라 맞춤형으로 구성되어야 한다. 예컨대 농촌 지역은 현장 간담회 중심, 대도시는 온라인 플랫폼 민원 분석이 효과적일 수 있다.

민원 대응의 한계와 제도 개선

시의원들의 능력에 한계가 있기 때문에 모든 민원을 듣고 해결할 수는 없다.

민원 대응에는 엄연히 한계가 있다. 그 이유로는 예산 부족으로 실현 어려운 민원이 많고, 민원 처리 과정에서 부서 간 책임 미루기가 발생하는 경우도 있으며, 민원인 간 갈등(이익 충돌)이 있는 사안이라 조율이 어려운 경우도 있다.

민원 대응의 한계를 극복하기 위한 제도 개선 방안으로는 민원 대응에 필요한 일정 범위 내 의원실 예산 활용 가능성 검토, 민원 다발 지역 또는 주제에 대해 집중 모니터링 체계 마련, 시민 제안 제도와 연계해 정책화 가능성 사전 검토 시스템 마련 등이 있다.

민원을 잘 다루는 시의원의 조건

민원을 잘 다루는 시의원에게는 이런 특징이 있다. 문제를 제기한 사람의 감정을 이해하고, 상황의 본질을 파악하는 능력, 행정과 법령 구조를 이해하는 정책 역량, 부서와 협업하고, 필요시 언론과도 연결하는 커뮤니케이션 능력, 단기 해결보다 지속가능한 해법을 찾으려는 성찰적 자세 등이 나타난다.

이런 의원은 단지 '전화 잘 받아주는 사람'을 넘어서, 시민의 불편을 줄이고 삶의 질을 높이는 정치 실천가가 된다.

제10부

지방자치의 미래와 리더십

38

변화하는
지방행정 환경

지방자치는 변하고 있다

지방자치제도는 1991년 부활 이후 수차례의 제도적 정비와 정치적 실험을 거쳐왔다. 이제는 단순한 행정의 하위 조직이 아니라, 지역 맞춤형 정책 설계와 실행의 주체로서의 지방정부 역할이 강조되고 있다.

지방행정 환경은 과거보다 훨씬 복잡하고 다층적이며, 정책 결정 과정에서 시민 참여, 기술 도입, 권한 이양, 재정 구조 변화 등 새로운 도전 과제가 빠르게 등장하고 있다. 이런 변화는 시의원에게도 새로운 시각과 실천적 역량을 요구한다.

권한 이양과 지방분권의 흐름

지방분권은 단지 정치적 구호가 아니다. 실제로 최근 10여 년 사이 국가사무의 상당 부분이 지방으로 이양되고 있다.

대표적 이양 사례를 보면, 사회복지, 도시계획, 환경, 문화체육 분야의 기초 지자체 권한이 확대되었다. 또 교육행정, 청년정책, 일자리 연계 프로그램 등에서의 기초단체 역할도 권장되고 있다.

「지방자치법」은 여러 차례 개정을 거치며 자치단체의 정책 결정 자율성을 높였고, 주민조례발안제, 주민감사청구제 확대 등 주민자치 기반도 함께 강화되었다.

이에 따라 시의원은 더 많은 분야에 걸쳐 정책 감시자이자 설계자 역할을 병행해야 하는 상황에 직면하고 있다.

기술과 디지털 행정의 도입

행정서비스의 디지털 전환은 지방정부에서도 중요한 화두다. AI, 빅데이터, 모바일 민원처리 시스템 등이 도입되며, 행정의 효율성과 투명성이 높아지는 한편, 디지털 격차나 개인정보 문제 같은 새로운 이슈도 등장했다.

스마트 민원 안내 키오스크, CCTV 통합관제센터와 AI 기반 치안 예방 체계, 빅데이터 분석을 활용한 교통체계 및 쓰레기 배출량 관리 등 새로운 기술이 적용되고 있다.

이런 기술들은 시민의 생활 만족도를 높이는 도구가 될 수 있지만, 정보 접근성과 기술 이해력이 낮은 계층에 대한 배려도 함께 고려되어야 한다.

시의원은 기술의 정책적 함의를 이해하고, 디지털 포용성과 예산의 형평성을 함께 고민해야 한다.

주민 참여와 행정의 투명성

행정의 일방통행 시대는 지났다. 주민참여예산제, 주민자치회, 마을계획단, 온라인 정책 플랫폼 등 주민이 의사결정 과정에 직접 참여하는 구조가 확대되고 있다.

변화된 참여 방식의 예시로는 온라인 공청회 및 투표제도, 주민참여형 예산제 확대, 시민 제안제도와 청년정책 패널 참여 등이 보인다.

시의원은 단지 '주민 소리를 듣는 자'에서 나아가, 주민참여제도를 활성화하고, 이 과정이 실질적 영향력을 갖도록 돕는 촉진자 역할이 요구된다.

재정 구조의 변화와 자율성

지방정부의 재정자립도는 여전히 낮지만, 자체 예산 운용의 유연성은 점차 확대되고 있다. 동시에 재정분권의 흐름 속에서 지방의회의 예산 감시 역할도 중요해지고 있다.

국고보조금 비중 감소, 지방교부세 자율성 강화, 성과기반 예산제, 주민참여예산제 도입, 의회 중심의 예산 사전 조정 권한 확대 등이 나타난다.

시의원은 숫자와 도표 너머의 의미를 파악하고, 예산의 공공성, 지속가능성, 형평성에 기반한 분석력을 갖춰야 한다.

대도시와 중소도시의 행정 격차

지방행정의 변화는 대도시와 중소도시에서 체감 차이가 크다.

대도시는 기술과 예산에서 여유가 있어 혁신이 빠르게 가능하지만, 행정조직이 크고 복잡하여 정책의 실현과정에서 부서 간 충돌이나 의사결정 지연 문제가 빈번하다.

중소도시는 행정조직이 작고 의사결정이 단순하지만, 인력 부족, 전문성 결핍, 재정 열세로 인해 행정의 질 유지가 어렵다.

시의원은 자신의 지역 규모에 맞는 현실적 대안과 감시 방법을 갖추는 유연한 전략가가 되어야 한다.

기후위기, 인구변화, 사회적 갈등이라는 새로운 과제

지방행정은 더 이상 단지 '청소와 주차 문제'를 해결하는 차원이 아니다. 기후위기 대응, 고령화 및 저출생, 이주민 증가, 사회 양극화 등 전 지구적 과제가 지역 안으로 침투하고 있다.

따라서 시의원에게도 새로운 의제 감수성이 요구된다. 탄소중립 도시 계획, 에너지 전환 정책, 그린뉴딜 조례, 다문화 가정 지원, 고령자 친화 인프라 구축, 돌봄 노동, 청년실업, 주거 불안 등 구조적 불평등 문제에 대한 인식 등 다양한 의제에 관심을 가져야 한다.

새로운 행정 환경은 시의원이 정책적 상상력과 감수성, 통합적 시각을 갖춘 '지역 기반 정책 전문가'가 되어야 함을 요구한다.

행정과 의회의 관계 재정립 필요

과거에는 '집행부 대 의회'의 대립 구조가 강했다면, 이제는 협력과 견제를 병행하는 복합적 관계로 전환되고 있다. 특히 변화하는 행정 환경 속에서 시의원이 갈등 조정자, 조율자, 중재자 역할을 수행하는 일이 많아졌다.

시의원은 정책 비판자이자 협상가, 감사자이자 조력자라는 이중적 역할 수행 능력이 필요하다.

제도 변화가 아닌 인식 변화가 우선이다

어떤 제도도 결국 사람에 의해 운용된다. 지방행정이 아무리 변화해도, 시의원이나 공무원이 과거의 관성에서 벗어나지 못한다면, 변화는 표면에 그치게 된다.

"우리는 원래 이렇게 해왔습니다"라는 말이 없어져야 한다.

시민은 바뀌었고, 문제는 복잡해졌으며, 해법도 다층화되었다.

시의원은 변화하는 시대에 맞춰 스스로를 '업데이트'할 줄 아는 사람이어야 한다.

39

탁월한 시장과 시의원이
남기는 유산

정치인은 떠나지만, 유산은 남는다

정치는 본질적으로 '시간의 예술'이다. 시장이나 시의원은 선거를 통해 정해진 임기를 지내고 퇴임하지만, 그들이 남긴 결정, 조례, 예산, 관행, 그리고 시민과의 관계는 훨씬 더 오래도록 지역사회에 영향을 미친다.

어떤 이들은 눈에 보이는 시설과 조형물만을 유산이라 여기지만, 진짜 중요한 것은 제도와 가치, 신뢰와 문화를 남기는 정치다. 탁월한 시장과 시의원은 단기성과보다 장기 구조에 집중하고, 자기 임기 안에 결과가 나오지 않아도 시작할 수 있는 용기를 가진다.

이 장에서는 선출직 공직자들이 지역사회에 어떤 유산을 남길 수 있으며, 그것이 어떻게 평가되고 계승되는지를 성찰적으로 살펴본다.

유산이란 무엇인가?: 유형과 무형의 차이

선출직 공직자가 남길 수 있는 유산은 크게 두 가지로 나눌 수 있다.

유형유산은 공공시설(도서관, 체육관, 복합센터, 공원 등), 인프라(도로, 하수도망, 통학로, 보행환경 개선), 조형물 및 도시 경관(광장, 기념비, 벽화거리 등) 같은 것들이다.

무형유산은 정책(조례 제정, 정책 모델 구축, 복지 시스템 개편 등), 관행(투명 행정, 시민 참여 시스템, 윤리 강화 등), 문화(소통하는 정치문화, 공감하는 공직자상, 행정 조직의 변화) 등이다.

진정한 유산은 '보이는 것'보다 '보이지 않지만 지역을 바꾸는 힘'이다. 단기성과는 박수받지만, 무형유산은 존경받는다.

탁월한 시장이 남긴 유산

▶ 사례 1 : 사회적경제 도시로 탈바꿈한 한 지방 소도시

한 지방 지자체의 장은 농촌 인구 감소 문제를 '지역 내 순환경제 체계'로 대응하였다. 지역 화폐, 협동조합 중심의 복지 공급체계, 청년 귀촌 지원 정책을 추진함으로써 행정의 패러다임을 '지원'에서 '자립'으로 바꿨다. 이 변화는 이후 군수가 바뀌어도 지속되었다.

▶ 사례 2 : 시민토론 문화 정착에 성공한 한 지방 도시

시장 재임 중 매월 정기 '시민 정책 토론의 밤'을 운영하였다. 시청 대강당에서 열린 이 토론회는 주제 발제, 시딘 질문, 행정 피드백 구조로 설계되어 시민 참여의 일상화를 가능하게 했고, 이는 후임 시장들도 계승한 제도적 유산이 되었다.

좋은 시장은 단순한 시정을 넘어서 행정문화 자체를 바꾸는 사람이다.

시의원이 남기는 유산은 더 섬세하다

시의원은 시장만큼의 예산이나 조직 권한은 없지만, 정책의 방향을 정하고 감시하는 데 매우 중요한 위치에 있다. 또한 지역 주민과의 접점이

훨씬 가까워서 생활정치의 흔적을 남길 수 있는 기회도 많다.

좋은 시의원이 남길 수 있는 유산의 사례도 많다. 시민단체와 협업한 조례 제정, 청소년 참여 예산제 추진, 구석진 골목길 개선 사업, 주민이 제안한 공공사업 정례화 등.

시의원이 남기는 유산은 '크게 보이지 않지만 오랫동안 남는 것'이다. 그것은 종종 '시민이 더 나은 정치인을 기대하게 되는 기준'으로 작용한다.

정책 유산이 살아남으려면?

아무리 좋은 정책도 후속 시장, 후속 의회가 계승하지 않으면 단절되기 쉽다. 그래서 선출직 공직자는 개인 성과보다 제도화에 더 신경 써야 한다.

정책 유산이 지속될 수 있는 조건은 다음과 같다.

첫째, 조례로 제도화해 법적 근거를 마련해 두는 것이다.

둘째, 예산 항목에 정례적으로 편성할 수 있도록 체계를 구축해 놓는 것이다.

셋째, 시민 주도의 운영 체계로 전환하는 것이다(공공시설 → 주민자치회 중심 운영 등).

넷째, 성과와 사례를 지속적으로 축적하고 공개해야 한다.

결국 유산은 혼자 만든 것이 아니라, 시민과 함께 키운 결과여야 한다.

'보이지 않는 유산'이 더 중요하다

많은 시장과 시의원은 눈에 보이는 성과를 남기고 싶어한다. 그러나 가장 강력한 유산은 문화, 신뢰, 기준, 언어 같은 보이지 않는 것들이다.

의회에서 막말이 사라졌다면? 행정 브리핑에서 시민 질의가 자연스러워졌다면? 공무원 조직에서 '이해충돌'을 자진 신고하는 문화가 생겼다면?

이런 변화는 조형물보다 오래가고, 기록보다 진하다. 정치의 품격은 결국 태도에서 드러난다.

유산을 남기지 못하는 경우는 왜 생기는가?

욕심이 앞서고 사사로움이 가득하면 좋은 유산을 남길 수 없게 된다.

첫째, 성과 욕심. 당장 보여줄 수 있는 사업만 반복한다.

둘째, 정당 공천 논리. 중앙당의 구도에만 맞추다 지역성과 단절된다.

셋째, 행정과의 유리. 시정 이해 없이 감시와 반대에만 집중한다.

넷째, 소통 부재. 시민 요구와 실제 정책 사이의 괴리를 인식하지 못한다.

탁월한 정치인은 그 반대다. '임기 중 무엇을 했는가'보다, 임기 이후에도 살아남을 질문을 남긴다.

유산은 시민이 평가한다

어떤 유산이 진짜인지, 어떤 유산이 의미 있었는지는 시간이 지나 시민이 판단한다.

시민이 기억하는 의원의 이름은, 그가 건물 이름을 남겨서가 아니다.

주민들이 다시 뽑고 싶어 하는 시장은, 재직 시절보다 떠난 이후 평가가 더 중요하다.

정치는 역사다. 역사는 기록이 아니라 기억과 이야기로 남는다.

유산을 남기기 위한 태도

좋은 유산을 남기려면 좋은 태도가 필요하다.

자신의 이름이 아닌, 제도를 남기려는 사람, 단기사업보다 구조 개편을 시도하는 사람, 혼자만이 아니라, 함께하는 방식을 선호하는 사람, 언제든 질문을 받아들일 준비가 된 사람이 필요하다.

이런 정치인이 지역의 미래를 열고, 정치의 신뢰를 회복한다.

40

다음 세대를 위한
지방정치의 방향

이제는 다음 세대를 이야기할 때

이 책의 마지막 장은 '다음 세대'을 향해 열려 있어야 한다. 지금까지 논의해온 시장과 시의원의 역할, 자격, 소통, 책임, 유산 등의 이야기는 결국 모두 다음 세대를 위한 기반 만들기였다. 지방정치는 단지 현재를 관리하는 기술이 아니라, 다음 세대가 살아갈 도시를 설계하는 일이다.

그렇다면 우리는 어떤 지방정치를 다음 세대에 남겨줘야 할까? 그리고 어떤 태도와 전략으로 그것을 이루어낼 수 있을까? 이 장에서는 지방정치의 미래를 향한 비전과 실천 전략, 그리고 '희망을 만드는 정치'의 조건을 깊이 있게 다뤄본다.

다음 세대를 위한 정치란 무엇인가?

정치란 본질적으로 공적 미래를 설계하는 일이다. 따라서 다음 세대를 위한 정치란 단순히 청년정책을 더 늘리는 것이 아니라, 지속 가능한 행정, 정의로운 자원 배분, 신뢰받는 제도와 문화를 세우는 일이다.

다음 세대를 위한 지방정치의 핵심 가치는 다음과 같은 것들을 말할 수 있다.

첫째, 지속가능성이다. 환경, 재정, 조직 모두 미래지향적으로 설계해야 한다.

둘째, 포용성이다. 사회적 약자와 새로운 구성원(이주민, 장애인 등)을 위한 구조를 마련해야 한다.

셋째, 투명성이다. 행정 과정과 의사결정에서 공개성과 설명 책임 확보가 필요하다.

넷째, 시민성이다. 시민이 단지 수동적 대상이 아니라, 능동적 공동설계자가 되는 구조가 필요하다.

이런 가치가 내면화된 정치만이 다음 세대를 위한 희망의 터전이 될 수 있다.

교육 중심 정치로의 전환 필요

다음 세대를 위한 정치는 곧 교육 중심의 정치다. 그 교육은 교실에서만 일어나는 것이 아니라, 의회, 행정, 지역 커뮤니티, 미디어 공간 모두에서 이루어진다.

가능한 실천 방향은 다음과 같은 것이다.

- 청소년 의회 운영
- 고등학생 정책 제안제
- 초·중등생 대상 의정 체험 프로그램 정례화
- 시민학교, 예산학교 등 지역정치 교육 프로그램 지원
- 의원이 '강사'가 아닌 '청중'으로 참여하는 청년 토론회

정치는 멀고 어렵다는 인식을 깨려면, 정치를 체험하게 하는 구조가

필요하다.

지방정치, 기술과 감성의 조화를 배워야 한다

디지털 행정이 발전하면서 데이터, 인공지능, 행정 자동화 같은 기술적 기반이 강화되고 있다. 하지만 다음 세대를 위한 정치란 기술만으로는 완성되지 않는다. 정치는 결국 사람의 감정, 공감, 관계의 언어로 이루어지는 일이기 때문이다.

그래서 다음 세대를 위한 정치인은 '기술을 이해하면서도 사람의 마음을 놓치지 않는 사람'이어야 한다. 정보와 감성, 데이터와 현장의 체온을 함께 이해하는 이중 감각의 리더십이 필요하다.

지방정치의 리더십, 새로운 모델이 필요하다

기존의 리더십은 '카리스마'와 '결단력' 중심이었다. 그러나 다음 세대가 요구하는 리더는 다르다.

다음 세대가 요구하는 새로운 리더십 모델의 특징은 다음과 같다.

첫째, 경청 중심형 리더. 시민의 말을 듣고, 그 의도를 이해할 줄 아는 사람이어야 한다.

둘째, 조율형 리더. 이견을 조정하고 합의를 이끌어낼 수 있는 사람이어야 한다.

셋째, 다자 협력형 리더. 혼자 해결하지 않고, 함께 해법을 찾는 사람이어야 한다.

넷째, 윤리적 리더. 자신의 이익보다 공공성과 정의에 더 민감한 사람이어야 한다.

이런 리더십을 통해야 정치의 신뢰가 회복되고, 젊은 세대가 정치에 다가올 수 있다.

지금의 정책이 10년 후를 바꾼다

우리는 종종 선거 주기와 언론의 속도에 갇혀 '당장의 성과'만 보려 한다. 하지만 진짜 정치란 보이지 않는 변화를 견디고 쌓는 것이다. 지금 수립된 도시계획이 10년 후 시민의 삶을 바꾸고, 지금 마련한 복지 체계가 20년 후 노후의 안전망이 된다.

다음 세대를 위한 정치란 곧 '미래를 책임지는 태도'다.

유권자도 다음 세대를 생각해야 한다

정치인은 유권자의 요구에 민감하게 반응한다. 따라서 유권자 자신도 다음 세대를 기준으로 정치인을 선택할 수 있어야 한다.

"이 후보는 내년만 보나, 10년 후도 보나?" "우리 동네만 챙기나, 공공의 질서도 고려하나?" "복지를 외치지만, 재정은 어떻게 고려하나?"

이런 질문을 던질 수 있는 시민이 많아질수록, 지방정치는 더 멀리 보고 더 깊이 있게 나아간다.

지방정치, 다음 세대를 위한 제도 설계

정치인 개인의 태도만으로는 한계가 있다. 그래서 다음 세대를 위한 지방정치는 제도적으로 뒷받침되어야 한다.

그런 제도적 방향으로는 청년·청소년 참여 제도의 의무화, 지방정치 교육의 커리큘럼 반영 및 의회 내 교육센터 설립, 주민참여 예산 비율 확대 및 피드백 의무화, 세대 간 갈등 조정기구(예: 고령자–청년 간 사회계약위원회) 설립 등 여러 가지가 가능하다.

정치는 참여가 있어야 진짜 작동한다. 참여가 제도화되어야 다음 세대는 자연스럽게 정치에 스며든다.

정치적 상상력을 회복해야 한다

지방정치는 때로 좁고 실무적이고 피곤한 영역처럼 보인다. 하지만 바로 그곳에서 다음 세대를 위한 정치적 상상력이 다시 태어날 수 있다.

마을을 숲으로 바꾸는 상상, 등하굣길을 문화길로 만드는 상상, 회의장을 청년 캠프로 바꾸는 상상 등. 그 상상을 실현하는 것이 지방정치의 진짜 존재 이유다.

마지막 메시지: 희망을 만드는 정치

지방정치는 비록 언론에 많이 등장하지는 않지만, 시민의 삶을 가장 가까이에서 바꾸는 정치다. 한 명의 시장, 한 명의 시의원이 어떤 철학과 책임의식을 갖고 있느냐에 따라, 그 지역의 10년 후는 완전히 달라진다.

이제 우리는 정치의 힘으로 희망을 만들 수 있다는 믿음을 다시 세워야 한다. 그 희망은 거창한 국가적 전략이 아니라, 주민센터 앞 벤치 하나, 학교 앞 횡단보도 하나, 비 오는 날 버스를 기다릴 수 있는 지붕 하나에서 시작된다.

다음 세대를 위한 지방정치는 지금, 여기에서, 우리의 손으로 만들어져야 한다.

이 책이 그 작은 시작이 되기를 바란다.

'시민의 대리인'
아무리 좋은 정책도 시민과 단절된 채 추진되면
실패하게 되어 있고, 반대로 불리한 조건에서도
시민과 함께 걸으면 해답이 보인다.

이제는
당신의 차례다

이 책은 선출직 공무원, 특히 시장과 시의원이라는 존재를 깊이 있게 들여다보고자 한 여정이었다. 어떤 자격이 필요하고, 어떤 역량을 갖추어야 하며, 어떤 책임을 감당해야 하는지, 단순한 제도 설명을 넘어, 실제 삶과 행정, 정책과 시민 사이의 역동적인 관계를 따라가 보았다.

하지만 이 책이 궁극적으로 던지고 싶은 질문은 하나다. "그들은 어떻게 바뀌어야 하는가"가 아니라, "우리는 무엇을 해야 하는가"이다.

시민은 단지 평가자나 감시자가 아니다. 시민은 정치의 소비자가 아니라 공동 제작자다. 시장과 시의원이 어떤 리더십을 보이느냐는 결국, 시민이 어떤 기준을 가지고 선택했는가, 어떤 목소리로 참여하고 있는가에 달려 있다.

좋은 정책은 기술로만 만들어지지 않는다. 좋은 질문이 있어야 좋은 정책이 만들어진다. 그 질문은 시민의 일상에서 시작된다. 학교 앞에 왜 횡단보도가 없냐는 아이의 말, 경로당 난방이 부족하다는 어르신의 하소

연, 버스 배차 간격이 너무 길다는 청년의 짧은 글 한 줄이 정책의 출발점이 된다. 그리고 그 이야기를 듣고, 연결하고, 정책으로 엮는 것이 시장과 시의원의 역할이다.

하지만 그 연결이 가능하려면, 시민이 말해야 한다. 요구해야 하고, 제안해야 하며, 감시해야 한다. 그리고 무엇브다, 참여해야 한다.

우리는 투표라는 행위를 통해 가장 직접적인 정치적 결정을 한다. 한 표가 만드는 차이는 작지 않다. "이 사람은 말을 잘하니까", "이 정당이 익숙하니까"가 아니라, "이 사람은 시민과 함께하는 정치를 하겠구나"라고 말할 수 있어야 한다. 선거는 끝이 아니라 시작이다. 당선 이후 그 사람의 첫 100일을 지켜보고, 1년 뒤 성과를 묻고, 4년 뒤 재신임 여부를 고민하는 과정까지가 시민의 책임이다.

이제는 정치가 가까워져야 한다. 더는 '서울'만이 정치의 무대가 아니다. 우리 동네, 우리 골목, 우리 마을회관이 정치의 시작점이다. 시장과 시의원이 그 현장에 서 있을 때, 당신의 목소리도 그 현장에 있어야 한다.

이 책을 읽은 당신은 이제 알고 있다. 어떤 사람이 시장이 되어야 하고, 어떤 시의원이 지역을 바꿀 수 있는지. 그리고 또 하나, 그들을 제대로 만들고 바꾸는 것은 결국 당신의 선택과 행동이라는 것을.

우리는 이제 다른 질문을 던져야 한다.

"좋은 시장, 좋은 시의원은 어떻게 탄생하는가?"에서 "좋은 시민은 어떤 정치인을 만들어내는가"로.

그 질문 앞에서, 곰곰이 잘 생각해 보라.

이제는 당신의 차례다.

지방정치는 비록 언론에 많이 등장하지는 않지만,
시민의 삶을 가장 가까이에서 바꾸는 정치다.
한 명의 시장, 한 명의 시의원이
어떤 철학과 책임의식을 갖고 있느냐에 따라,
그 지역의 10년 후는 완전히 달라진다.